VIVER,
PARA QUE SERVE?

SOEUR EMMANUELLE
Com Philippe Asso

Viver, para que serve?

DIRETORES EDITORIAIS:
Carlos Silva
Ferdinando Mancílio

EDITORES:
Avelino Grassi
Roberto Girola

COORDENAÇÃO EDITORIAL:
Elizabeth dos Santos Reis

TRADUÇÃO:
Ubenai Fleuri

COPIDESQUE:
Leila Cristina Dinis Fernandes

REVISÃO:
Ana Lúcia de Castro Leite

DIAGRAMAÇÃO:
Juliano de Sousa Cervelin

CAPA:
Márcio Mathídios

TÍTULO ORIGINAL: *Vivre, à quoi ça sert?*
© Éditions Flammarion, Paris, 2004.
ISBN 2-08-210341-2

Todos os direitos em língua portuguesa, para o Brasil, reservados à Editora Idéias & Letras, 2005

Editora Idéias & Letras
Rua Pe. Claro Monteiro, 342 - Centro
12570-000 Aparecida-SP
Tel. (12) 3104-2000 — Fax (12) 3104-2036
Televendas: 0800 16 00 04
vendas@ideiaseletras.com.br
www.ideiaseletras.com.br

Dados Internacionais de Catalogação na Publicação (CIP)
(Câmara Brasileira do Livro, SP, Brasil)

Emmanuelle
    Viver, para que serve? / Soeur Emmanuelle com Philippe Asso; [tradução Ubenai Fleuri]. Aparecida, SP: Idéias & Letras, 2005. (Coleção Mais Vida)

    Título original: Vivre, à quoi ça sert?
    Bibliografia.
    ISBN 85-98239-54-2

    1. Vida cristã 2. Vida espiritual – Igreja Católica I. Asso, Philippe. II. Título. III. Série.

05-7910   CDD-248.4

Índices para catálogo sistemático:

1. Vida espiritual: Cristianismo 248.4

SUMÁRIO

Introdução: Em busca de um sentido 7

Primeiro movimento
GRANDEZA E MISÉRIA DO HOMEM 15

Capítulo I
O pensamento e a matéria 17
    Eu sou um caniço pensante! 17
    Pensar a matéria 25
    As três libidos 31
    A negação e o culto da morte 35

Capítulo II
A razão paradoxal 39
    Uma caminhada feita de altos e baixos 40
    A dúvida e o insucesso da razão 44
    Grandeza e queda da rainha do Oriente 49

Segundo movimento
A FUGA E A SAÍDA 53

Capítulo III
A diversão 55
    A maior de nossas misérias 56
    As sereias do divertimento 60
    A indeterminação benéfica 64

Capítulo IV
Libertação 69
    Um Deus diferente dos outros 69
    Um Deus perceptível ao coração 72
    A fé é uma aposta razoável 76
    Um Deus de amor 77

Terceiro movimento
O CORAÇÃO E A UNIDADE 83

Capítulo V
O movimento do amor 85
    O que o amor não é 85
    O amor é um movimento 88
    O amor, mistério da existência 92

Capítulo VI
"Tudo é um, o um é o outro, como as Três Pessoas" 97
    Unidade na complexidade 97
    A relação, fonte da identidade 99
    O outro é a chance de minha vida 102
    Do amor nasce a unidade 107

Conclusão: A espuma ou a eternidade 111

INTRODUÇÃO

Em busca de um sentido

Escrevo este livro porque sinto a necessidade de compartilhar, com meus irmãos e irmãs na humanidade, o fruto de uma experiência já quase centenária. O acontecimento que me fez entrar por um caminho de questionamentos aconteceu pouco antes que completasse meus seis anos. Eu estava contemplando o mar, fascinada pelo fluxo e refluxo das ondas, pelo irisado brilho das espumas. E havia visto esta bela espuma engolir o vulto querido de meu pai. Como pôde ele desaparecer para sempre naquelas ondas? Para onde foi? Pela primeira vez escutei falar em eternidade. Em minha pequena cabeça, perguntava-me como teria ele podido passar das espumas para a eternidade. Tudo me parecia muito sem sentido: tanto a morte de meu pai, como as explicações que me eram dadas.

Acredito que este é o ponto onde se encontram tanto essa experiência originante de minha vida psíquica, como o problema fundamental de nossos dias. Meus contemporâneos são perseguidos por um sentimento de falta de sentido. Muitas vezes buscando desesperadamente esse sentido, a vida apresenta-se a seus olhos apenas como uma sucessão caótica de instantes e de acontecimentos. Ora, os acontecimentos – tanto os de nossa história pessoal como os da história da humanidade – só adquirem valor quando lhes é atribuído um sentido. Por si mesmo, um acontecimento, aquilo que nos acontece, não tem sentido. Para além do acontecimento, deve-se poder julgar, discernir entre aquilo que ele possui de chocante e aquilo que ele carrega de graça e de fecundidade. O acontecimento deve ser relativizado. O sentido consiste em fazer a experiência de que, por meio e além do trágico, do maravilhoso ou do banal aparentes, existe algo mais, outra coisa. Os acontecimentos da história não são mais do que o minério em seu estado bruto. É o sentido que os purifica e desvela seu valor.

É disso que a maior parte dos homens e das mulheres de hoje precisa: encontrar um sentido para sua vida. Tenho encontrado um grande número deles que vive em um mar de insegurança, muitas vezes até de angústia: "para que serve viver?" E como eu sei compreendê-los! Passei também por isso, e é o que vou contar ao longo destas páginas, a angústia de noites sem resposta, de caminhos sem saída.

Na verdade, o problema não é a busca, porque ela é necessária e benéfica. De tempos em tempos ela sacode a humanidade. O problema é o vazio, a atual falta de meios para que se possa encontrar uma resposta para essa interrogação. E é então que me desgostam aqueles que procuram tirar vantagem desse vazio, aqueles que exercem algum poder sobre a sociedade e agem contrariamente à valorização da procura de um sentido para a vida. Eles sempre nos propõem lugares-comuns e raciocínios comuns, como a emoção, o constrangedor e até mesmo o contra-senso. No universo midiático, político e, às vezes, até mesmo no religioso, somos imergidos no reino do sensacional, com o nariz grudado nos acontecimentos.

Na verdade, minha preferência aponta muito mais para a direção desse estado de carência do que para a falsa segurança dos tempos de minha juventude! Vivi os primeiros anos do último século: parecia um terreno sólido, onde tudo transcorria calmamente. As pessoas levavam a vida com simplicidade, sem pretensão de complicar as coisas, em uma submissão conformada, cada um se contentando com seu lugar e sua situação. Se se pensar bem, todos viviam subjugados. A autoridade era sagrada, intocável, não podia ser colocada em dúvida. Os poucos que ousavam desacatá-la eram vistos como o Mal, como Satanás. Dessa maneira, qualquer veleidade de se promover alguma mudança era relegada ao mais completo silêncio. Tudo era calmo, mas terrivelmente superficial. Os valores sagrados – ou os que eram defendidos como tal – pareciam eternos, mas, como estátuas de pés de argila, firmavam-se muito mais nas tradições, nos costumes, do que em uma convicção profunda e interior. Esta maneira pela qual a sociedade se estruturava não criava aparências, pelo contrário, trazia consigo um sentimento de segurança. Contudo, ele não atingia ainda a verdade, estava ao lado, ao lado do homem e de sua verdade, além de sua procura. Mas, o próprio do homem, em sua grandeza e miséria, é buscar e não se satisfazer com sua situação ou com suas convicções descartáveis.

E chegou uma hora em que o verniz da superfície trincou-se todo. A ordem estabelecida e respeitada, apesar de ilusória, rapidamente desmoronou. Foi um sufoco geral. Triunfou a aspiração por maior liberdade. E bem depressa se caiu no excesso contrário: nada mais merecia respeito, nada mais contava, era nada de nada. Trocamos um caminho minuciosamente sinalizado por um mundo de areias movediças. De novo vem o sufoco, agora por uma razão contrária: não existe nada a que se possa arrimar! Antes, de maneira simplista, sem discussão nem reflexão, tinha-se um motivo para viver, como também um motivo para morrer. Agora, tudo foi relativizado, tudo foi posto em dúvida, tudo aviltado. As certezas, na verdade superficiais, foram trocadas pela falta total de segurança e de significado. Na melhor das hipóteses, havia-se finalmente despertado para o questionamento, para a preocupação com o sentido, o que jamais poderá ser comprado ou imposto. Na pior das hipóteses, o homem contemporâneo estagnou-se nessa preocupação, sem poder encontrar uma saída.

Além da cumplicidade das instituições e das pessoas para a permanência desse estado de coisas, vejo ainda mais três causas. A primeira é que, longe de entrar por um caminho onde prevalece o pensamento, hoje estamos fascinados pela razão, a ponto de não nos poder libertar do raciocínio, que não nos oferece horizonte algum. Tudo está sujeito a infindáveis discussões, tudo é posto constantemente em questão; todos os valores. Como a árvore esconde a floresta, assim certos detalhes, certas quinquilharias, certos casos particulares são dessa maneira colocados em relevo que o resto do universo desaparece, perde-se a visão de conjunto, que atribui a cada coisa seu lugar em um todo harmônico. Somos jogados de um questionamento para outro.

Em segundo lugar, esta razão raciocinante está privada de um relacionamento com a ação, que é guiada pelo *feeling*, pela emoção do momento. Aqui também, nada de unidade: em um instante as pessoas passam da excitação para a depressão. Esse reinado das sensações não permite que o coração se desenvolva, sufocando-o em uma seqüência de sentimentos passageiros, transitórios, contraditórios. Nós somos jogados de uma emoção para a outra.

Enfim, o comportamento caracterizado pela fuga torna-se o rei: em um turbilhão vertiginoso, ele oferece uma sucessão de prazeres ou de deveres que precisam ser honrados continuamente, para que se consiga escapar do vazio. Tudo se torna fastidioso: as festas, as refeições, o trabalho, o ativismo. Com o nariz grudado no guidom, a uma curva deve, necessariamente, seguir-se outra, que nos impedirá de cair, sem que nunca uma orientação, um horizonte, um sentido, enfim, seja proposto e visualizado.

Que poderia, então, eu, uma velha religiosa de quase noventa e cinco anos, apresentar como proposta? Certamente, nada que tenha criado pessoalmente! Pretendo apenas, com este livro, contar a chance que bem cedo tive: encontrei um pensador que era um gênio. Desde minha adolescência, Brás Pascal foi meu mestre no pensar e, por isso, meu mestre de vida. Se seus *Pensamentos* tornaram-se meu livro de cabeceira, é porque sua leitura me proporcionava a chave que me encaminhava para o presente. Com o bisturi de seus *Pensamentos*, ele dissecou ao vivo e trouxe para a luz do dia as profundezas do que havia de mais humano em meu ser, soterradas por um passado morto. Todos nós nos encontramos ligados a um montão de recordações, acontecimentos passados que hoje se tornam empecilhos e fardos. É justamente aqui que o bisturi entra às mil maravilhas: ele corta, abre, descobre.

Aquilo que Pascal escreveu tem o brilho da verdade, é concreto e radioso, alcança o profundo da alma. É uma chave para a autocompreensão: como ele está próximo de nós! Ele é um homem de nossos tempos, justamente porque ele não parou nas aparências. Ele atingiu a raiz e a fonte. Este homem, que em seus dias suportou o sofrimento e foi perseguido, conseguiu, no entanto, encontrar uma fonte de vida extraordinária. Ele ainda é moderno quando analisa o homem em sua realidade. Ele ousa enfrentar o homem, tanto em sua grandeza como em sua miséria, "coração oco e cheio de baixeza"! Pascal é moderno, finalmente, porque não aceita nenhum argumento fundamentado na autoridade, nenhuma demonstração que não respeite sua liberdade de pensar. Para ele, o pensamento livre é o fundamento do valor inalienável do homem.

Leitor, não se espante: este livro não é um trabalho de filosofia que eu lhe estou propondo. Porque, para começar, minha capacidade não chega a tanto. Depois, mesmo que se diga que a filosofia está na moda, os filósofos, assim como o homem comum, ainda não encontraram resposta consistente. Acabo de ler uma série de artigos no *Nouvel Observateur*, com o título atraente (n. 2019, julho de

2003): "Como enfrentar o mundo de hoje? De Platão a Nietzsche, a resposta dos grandes filósofos". Pessoalmente, acho que cada um desses artigos é uma pequena obra de arte, usa belas palavras e fórmulas magníficas, mas para não dizer nada. Nenhum desses tratados oferece uma solução aos problemas que se propuseram levantar. É o vazio, o vácuo, o vazio total. Mais adiante veremos, juntamente com Pascal, o porquê dessa impotência demonstrada pela razão quando se apresenta desacompanhada. De fato, "zombar da filosofia é, em verdade, filosofar" (*Fragmento* 4, p. 39).

Há, portanto, um caminho que leva até às respostas, pois o pensamento vai além da filosofia. Pensar verdadeiramente não é apenas uma maneira de raciocinar, onde a razão se voltaria sobre si mesma, como Dom Quixote correria atrás dos moinhos de vento.

Pascal sempre carregava consigo, costurado por dentro do gibão, aquilo que chamava de seu *Memorial*. Ele havia anotado em uma folha a prova de "fogo" pela qual havia passado em uma noite de novembro de 1654, na qual descobriu que "o Deus de Abraão, o Deus de Isaac e o Deus de Jacó" não é aquele "Deus dos filósofos e dos sábios". Sobressai dessas linhas uma exclamação: "Alegria, alegria, alegria, lágrimas de alegria". Creio que essa experiência luminosa do sentido não se enquadrou somente no contexto de sua fé e não ficou limitada apenas aos crentes. Vamos supor que estamos partindo, juntos, dessa fonte extraordinária de alegria?

O propósito deste livro é tornar conhecido a meus contemporâneos, que estão em busca da libertação, um caminho de paz, um caminho de alegria: o pensamento de Brás Pascal. Pensamento este que consiste, essencialmente, na distinção e na articulação entre três "ordens". A ordem da matéria, a ordem do espírito e a ordem do amor, que são os três modos de existir, três maneiras de o homem relacionar-se com este mundo, com Deus e consigo mesmo. Ao final da caminhada, espero ter mostrado que o sentido da vida não se encontra nem na ordem da matéria, nem na ordem do espírito, embora ambas sejam necessárias e merecedoras de consideração, mas somente na terceira, a ordem do coração.

Para enfrentar esse caminho, é preciso, como o fez Pascal, partir do vazio, da fraqueza ontológica do homem e de sua angústia. Não se trata, contudo, de ficar parado aí e se encher de compaixão. Diferentemente dos filósofos, que se embaraçam com o assunto, Pascal enfrenta o problema procurando encontrar uma resposta. Fundamentalmente, se escrevo este livro, é para compartilhar a libertação propiciada pelo pensamento de Pascal, para propor um caminho para o sentido.

Jamais poderia ter tido a audácia de empreender a redação deste livro se o padre Philippe Asso não me tivesse encorajado para tanto e, ao mesmo tempo, trazido sua necessária colaboração. Igualmente, sou devedora a muitos outros autores, dos quais citarei apenas alguns. Em primeiro lugar, foi somente depois de ter lido *Rencontre d'immensité, une lecture de Pascal*, de Éloi Leclerc (Desclée de Brouwer, 1993), que decidi começar a escrever. Em seguida, foi-me de grande proveito o trabalho de Jean Mesnard, *Les Pensées de Pascal* (Sedes, 1993), e a introdução de Michel Le Guern a sua edição de *Pensées* (Gallimard, Folio, 1977). Philippe Asso e também eu agradecemos vivamente a este último: ele aceitou fazer uma análise crítica de nossa interpretação de Pascal.

Nas páginas que se seguem, as citações de *Pensamentos* são feitas de acordo com a edição de Leon Brunschvicg[1], que, com certeza, não é a melhor nem a mais atual, mas que foi aquela que consultei durante toda a minha vida.

---

[1] Pascal, *Pensées*. GF-Flammarion, Paris, 1976. (Esta tradução brasileira seguiu o texto da edição *Pensamentos*. 4ª ed., Coleção Os Pensadores. São Paulo: Nova Cultura, 1988.)

Capítulo I

O pensamento e a matéria

Em 1923, em uma tarde de outono, eu iria entrar em contato com Brás Pascal. Estava chegando a meus quinze anos. Não sabia que nesse ano estava sendo celebrado o tricentenário do nascimento do pensador que, sem que eu imaginasse, um dia, deveria desempenhar um papel primordial no desenvolvimento de minha personalidade. Se sou o que sou, uma pessoa às vezes um pouco extravagante, isto, em parte, é devido a ele. Narrar essa experiência essencial me levará naturalmente a, em seguida, falar da primeira "ordem" de Pascal, a ordem da matéria, e depois do profundo impulso de concupiscência que existe em nós.

Eu sou um caniço pensante!

Naquela época, eu era uma representante da idade ingrata. Tinha os membros alongados, o rosto escalavrado, cabelos desordenados, um sorriso petulante nos lábios. Estava insatisfeita com tudo, e todos pareciam servir para objeto de minhas críticas. Foi então que comecei a experimentar este sentimento que, de uma maneira ou de outra, haveria de marcar minha vida: a impressão de passar todo o meu tempo a esmurrar qualquer coisa e a me bater contra as paredes, de estar constantemente reduzida a uma total impotência.

Minha família morava em Bruxelas, em uma casa de vários andares. Ao rés-do-chão ficavam os escritórios, de onde minha mãe, depois da morte de meu pai, comandava a fábrica de lingerie fina. No primeiro andar, ao lado da sala de jantar, um quarto servia como sala de estudos para meu irmão e para mim. Mas, um dia, decretei que meu irmão me incomodava e instalei minha mesa de estudos junto de uma janela do grande banheiro, no segundo andar. Assim, escapei do controle da senhorita Lucie, nossa preceptora. Eu não suportava vigilância alguma! Muito preguiçosa, coisa que ainda sou bastante, às escondidas lia, pelos quatro cantos, romances de amor.

Tinha também duas outras distrações. Um imenso espelho servia para que me admirasse a todo momento, e não eram poucas as vezes em que me sentia despeitada por não me achar mais bonita. Pela janela, vislumbrava também a silhueta de um rapaz que, como eu, estava debruçado sobre os livros. Infelizmente a distância era muito grande para que pudesse lhe fazer algum sinal. Era, porém, uma porta aberta para minhas fantasias: seria bonito? Como seriam seus traços? Suas feições? Como se chamaria? Quais seriam suas aventuras? Ah, minha imaginação, galopa, galopa!

Com um suspiro resignado abro minha pasta, já quase estourando com tanto material escolar. Um exercício de grego! Muito enfadonho, vai ficar para depois. Tradução da *Ilíada*. Isto, sim, é interessante. Na verdade, havia tido uma sorte extraordinária. As Damas de Maria, congregação que dirigia minha escola, haviam liberado o estudo das humanidades greco-latinas também para as moças. Minha escola foi a primeira na Bélgica, pois até então esse estudo somente era acessível aos rapazes. Assim, eram eles os únicos a poder freqüentar uma universidade. Por isso, durante anos pude encarar gênios como Virgílio, Homero e Platão, cuja pedagogia do bom e do belo (a famosa expressão *kalós kagathós)* servia para mim como um alimento cotidiano. Gostava de traduzir as aventuras de Ulisses para um francês elegante, assim como o exigia nosso rigoroso professor, Sr. Freson. Percebia que esse exercício aguçava minha inteligência e formava meu espírito. Às vezes, provava a satisfação de ver cada termo transcrito em sua verdade concreta, sem ser alterado por minha interpretação pessoal. Terminada a versão, tiro um terceiro livro de minha pasta. Uma página de literatura a ser estudada. Oxalá não seja enfadonha!

Abri o grosso livro de textos selecionados, desde a Idade Média até a época moderna e, com um suspiro, comecei a ler:

> O homem não passa de um caniço, o mais fraco da natureza.[1]

Opa! Aqui está alguém que pretende dizer alguma coisa! Na verdade, o que há de mais fraco do que um caniço, que qualquer vento faz curvar-se? Assim é o homem, assim sou eu. Não canso de me dizer, pobre pequena Madelon: como sou frágil! Às vezes me desespero. Impotente tanto para me controlar como para perseverar no esforço, um nada me faz desistir: uma palavra latina ou grega, da qual não perceba logo o sentido, uma página de física que seja um pouco mais difícil, uma dissertação que tenha um tema moralizante... tudo aquilo de que não gosto. Como os homens de todos os tempos, especialmente os adolescentes, cujas ocupações e cuidados ainda não anestesiaram a angústia essencial, também eu era perseguida pela questão insolúvel: para que serve viver? Isso não tem sentido. De que adianta estudar? Trabalhar sempre será necessário. Por outro lado, para que serve estar sobre a terra? Não se sabe para onde vai nem por que se vive. É um

---

[1] *Fragmento* 347, p. 123.

caminho sem saída, é extremamente fastidioso, chega mesmo a ser estúpido!

Pela janela vejo um grande gato preto que se estica preguiçosamente sobre o teto em frente. O belo animal roça entre suas patas a cabeça, com bigodes brancos que tremulam ao vento. Voluptuosamente ele se aquece ao sol ainda tépido da tarde. Como é bom ser um gato! Basta gozar o momento presente e satisfazer seus sentidos. Não existem problemas para um gato. Comer, dormir, beber. E, para a mamãe gata, sentir seus filhotes encostados nela, sugando seu leite: a vida é bela, nada de escola!

Deixo meus sonhos e volto para Pascal.

> O homem não passa de um caniço, o mais fraco da natureza, mas é um caniço pensante.

Isso me deu um choque. O homem é fraco, sim, mas ele pensa. Subitamente um clarão espocou diante de meus olhos: o gato não pensa! Qualquer coisa começou a turbilhonar em mim. Não sou um animal, mas um ser humano. É pelo corpo que eu respiro, sim, como o gato, mas sou um ser pensante. A consciência do pensar tomou conta de mim.

De acordo com minha pequena capacidade de adolescente, fiz então essa descoberta sensacional, de uma estranha novidade: eu existo como uma pessoa dotada dessa faculdade maravilhosa, o pensamento. E repetia essa palavra: o pensamento, que excitava meu corpo e minha alma. De repente me sentia detentora de um valor milhares de vezes superior ao de um gato. Um animal é um animal. Um ser humano não, ele pensa! E gritava para mim mesma, numa agitação ingênua: não sou um gato, eu existo e posso pensar!

Dessa vez foi com muita vontade que retomei minha leitura.

Não é preciso que o universo inteiro se arme para esmagá-lo: um vapor, uma gota de água, bastam para matá-lo. Mas, mesmo que o universo o esmagasse, o homem seria ainda mais nobre do que quem o mata, porque sabe que morre e a vantagem que o universo tem sobre ele; o universo desconhece tudo isso.[2]

Que coisa! Esse pequeno caniço que sou, comparado com a imensidão do universo, possui, apesar dele e em sua pequenez, um valor e uma nobreza incomensuráveis. Dir-se-ia que eu havia bebido um vinho que cada vez mais me embriagava. A vida, que até então me tinha parecido extremamente estúpida, adquiria um sentido: de repente eu estava escapando de um buraco negro, do impasse em que me debatia em vão contra a parede. *Sim*, eu queria viver. Viver para desenvolver meu ser pensante, que ultrapassa os limites do universo. Subitamente, percebi que a nobreza e o valor de minha vida, longe de serem reduzidos a nada por minha impotência e minha incapacidade, residiam em meu próprio ser e em sua capacidade de libertação. Estava deslumbrada por me encontrar no limiar de um portal que me abria perspectivas até então inimaginadas. Como explicarei mais adiante, pressentia que o homem, em sua fraqueza, pode tornar-se o senhor deste universo que, tão facilmente, pode esmagá-lo. Magnífica saída!

E agora vou terminar a leitura do mesmo fragmento.

Toda a nossa dignidade consiste, pois, no pensamento. [...] Trabalhemos, pois, para bem pensar: eis o princípio da moral.[3]

---

[2] *Ibid.*, p. 123-124.
[3] *Ibid.*, p. 124.

Aonde Pascal quer levar-nos? Ele parte de um caniço para chegar a uma moral! *Brr...* que palavra fria e repulsiva! Uma ducha gelada despenca sobre meu entusiasmo exagerado. Anteriormente, já deixei perceber que não agüentava nenhuma obrigação, nenhum constrangimento. Então, muito antes do tempo, já havia aderido ao famoso lema de maio de 1968: "É proibido proibir!" Moral significa uma canga que sufoca, que impede de se ir aonde se deseja, de usufruir de um prazer que se oferece, em uma palavra: de se aproveitar de tudo. Porque, na verdade, o proibido é aquilo que mais atrai. A partir do momento em que qualquer coisa me fosse proibida, então é que sentia um desejo irresistível de me entregar a ela. Isto dá prazer, dá gosto, é excitante, ao passo que tudo aquilo que se apresenta como virtuoso, torna-se enfadonho. Só se vive uma vez. É preciso saborear todos os frutos desta vida. O ideal da moça "bem-educada" me repugnava. Aquela frase, bem curtinha: "isto não se faz", arrepiava-me. E minha resposta era impertinente: "Mas eu faço!" E acrescentava presunçosamente: "Portanto, isto será feito". De onde vinha esse comportamento? Sem dúvida era porque queria ser, somente eu, a juíza do bem e do mal, sem jugo algum sobre mim. Coloca-se o bridão na boca de um animal para dirigi-lo. E eu, sou um animal ou uma mulher livre?

O que estaria pretendendo Pascal, uma vez que me parece que ele não faz o gênero *Père Fouettard*? Ele me faz um convite para que eu pense corretamente. Devo, então, procurar não uma lei restritiva, mas um pensamento construtivo que me faça crescer em "nobreza". E isto seria a moral: procurar humanizar-se, crescer em dignidade propriamente humana, tornar-se um ser mais convencido de sua dignidade de "caniço pensante" e viver uma moral aberta, libertadora de tudo aquilo que é mesquinho? Estava me conscientizando de que vivia confinada em meu ego, preocupada unicamente com minhas próprias sensações. Enfim, vivia tristemente embrutecida.

Os adolescentes, hoje vejo bem isso por suas perguntas, às vezes têm esses clarões, quando por um instante tomam consciência de uma filosofia integral da vida. Isso pode parecer aborrecido. No ambiente em que vivia, ninguém compreendia meu mal-estar, meus questionamentos, o túnel em que me sentia prisioneira, meu perpétuo espírito de contradição. Tudo estava indo bem a meu redor, tínhamos uma vida simples e tranqüila. Por que eu encontrava tantas dificuldades e por que estava sempre descontente? De minha parte, ao ler Pascal, tive finalmente a impressão de estar andando por um caminho desimpedido. Afinal de contas, já era qualquer coisa! Se a moral repousava não sobre regras impostas, mas sobre o princípio do pensamento correto, que é necessariamente livre, então ela só poderia ser libertadora, expansiva e portadora de alegria. Assim,

a verdadeira moral zomba da moral.[4]

O sol começava a se pôr, o gato não estava mais no telhado. Naquela noite que caía, estava começando, juntamente com Pascal, uma grande aventura: lutar, dia após dia, para que meu caniço frágil não seja sacudido ao sabor dos ventos; descobrir, pela força do pensamento, as fontes de uma vida harmoniosa e equilibrada. Esse equilíbrio que muito bem é expresso pelo provérbio latino: *mens sana in corpore sano* – um espírito são em um corpo são. Atenção! O caminho está eriçado de dificuldades. Nem o sadio uso do espírito, nem o sadio uso do corpo são aquisições fáceis de serem feitas.

---

[4] *Fragmento* 4, p. 39.

A verdade é que o pensamento errado se encontra por todas as partes. Todos os gêneros de totalitarismo oferecem exemplos sombrios e extremos. Em nome de um falso ideal são massacradas milhares de pessoas, e até mesmo milhões. Chega-se mesmo a transformar a própria morte em um instrumento de glória. Aquele que se mata para provocar a morte daqueles outros que não pensam como ele mesmo, bem como seus companheiros, tem a convicção de ser um herói, o "mártir" de uma causa sagrada. Ele se propõe uma ação que, para ele, é de tamanha grandeza que não admite nenhuma dúvida a respeito de sua validade. Isto, tanto no campo da política, como Hitler, ou no campo religioso, como algumas correntes sectárias do Islã. A raiz do desvio do pensamento pode ser encontrada na idolatria: a idéia é transformada em um deus. A partir daí, este bem se engrandece acima de todos os outros bens e transforma o mal, qualquer que ele seja, em um "Super-Bem". O indivíduo fica tão hipnotizado que chega ao ponto de perder a razão.

De acordo com o provérbio que acabei de citar, o espírito e o corpo não podem ser separados. Essa sacralização que toca o domínio da ideologia diz respeito, necessariamente, à relação que deve existir entre corpo e matéria. Para o sistema nazista existia uma Raça pura, divinizada pelo Sangue e pela Natureza. A sacralização da Raça legitimou a "purificação étnica", isto é, a eliminação de partes da humanidade consideradas impuras, a começar pelos judeus. É verdade que para os terroristas que se dizem "muçulmanos" o ser não é considerado *a priori* como algo puro. Mas se eles se sacrificarem totalmente por uma causa sagrada, atingirão tal grau de purificação que, automaticamente, poderão entrar no paraíso. É preciso, então, que o corpo seja preparado por uma liturgia pré-mortuária. Nesse ritual sacrificial, o candidato ao martírio elimina todos os pêlos de seu corpo e perfuma sua pele.

Ao passo que nós arrepiamos de horror diante dessa depravação do pensamento, eles vibram de devoção. O sagrado, com efeito, provoca um sentimento de poder que está muito longe da consciência de ser um caniço, mesmo que seja de um caniço pensante.

Sem chegar a esses extremos incômodos, não deveria cada um de nós estar atento para detectar esses possíveis desvios de seu próprio pensamento, que facilmente podem absolutizar uma idéia? Às vezes basta apenas prestar atenção a nossos raciocínios: fascinados pela imagem de força que nos causa nossa fala, nós não enxergamos mais aquilo de verdade que está nos argumentos contrários, e menos ainda aquilo que os sustenta.

De outro lado, como é igualmente difícil, na sociedade como um todo, livrar-se da fascinação do corpo, da beleza física, da sedução do dinheiro e do poder! Aqui também Pascal me serviu de guia: ele sabe mostrar o justo relacionamento com a matéria, naquilo que ela possui de atraente e de limitado.

Pensar a matéria

Para Pascal, a matéria é simplesmente tudo aquilo que não é "espírito". Poder-se-ia pensar que Pascal, homem do século XVII, daria pouca atenção a tudo que não fosse animado pela inteligência. Lembremo-nos de que ele foi um matemático e, sobretudo, um físico genial. Mas, a meus olhos, isto não é o mais significativo. Foi como pensador que, longe de desprezar a matéria, Pascal escreveu:

> Que o homem contemple a natureza inteira em sua alta e plena majestade. [...] Que a terra lhe apareça como um ponto

na órbita ampla desse astro, que se maravilhe de ver que essa amplitude tampouco passa de um ponto insignificante na rota dos outros astros que se espalham pelo firmamento.[5]

Até que ponto a vastidão e a majestade do universo atraíram e maravilharam Pascal! Na verdade, é este o primeiro aspecto sob o qual o universo e a natureza se apresentam ao homem: com essa grandeza que ele se sente esmagado e quase aniquilado, pontinho imperceptível e miserável em comparação com os milhões e milhões de estrelas, com seus movimentos e suas galáxias!

Mas isso não é tudo. Não é somente ao elevar seus olhos para o céu que o homem percebe os espaços infinitos, mas também, sob seus pés, se abrem os abismos do infinitamente pequeno. O homem é, na natureza, "o meio entre o nada e o tudo".[6] O infinitamente grande é mais imediatamente perceptível para o homem, com certeza, mas a física moderna acostumou-nos a ver também na dimensão do átomo

> uma infinidade de universos, cada qual com seu firmamento, seus planetas, sua terra, em iguais proporções às do mundo visível.[7]

Está, pois, o homem perdido entre dois infinitos igualmente vertiginosos. Mais ainda: ele se sente incapaz de conhecê-los.

Por mais que ampliemos nossas concepções e as projetemos além dos espaços, concebemos tão-somente átomos em

---

[5] *Fragmento* 72, p. 51.
[6] *Ibid.*, p. 52.
[7] *Ibid.*, p. 52.

comparação com a realidade das coisas. Esta é uma esfera infinita, cujo centro se encontra em toda a parte e cuja circunferência não se acha em nenhuma.[8]

Desproporção do homem: [...] Afinal, que é o homem dentro da natureza? Nada em relação ao infinito, um tudo em relação ao nada; um ponto intermediário entre o tudo e o nada. [...] (igualmente incapaz de ver o) nada de onde saiu, e o infinito que o envolve [...] num eterno desespero por não poder conhecer nem seu princípio nem seu fim.[9]

Pascal não ficou satisfeito com ter apenas a intuição dos dois infinitos, três séculos antes de Einstein e os aceleradores de partículas. Seu gênio se expressa melhor ao situá-los no homem. A matéria está no homem. Entendamos bem: mesmo quando se fala da "ordem da matéria", o que acontece é que se está falando de uma atividade do pensamento, uma vez que é este que apreende o mundo. A matéria não pensa, mas o homem tem a faculdade de pensar a matéria. É o homem que pensa e cria uma representação do mundo, é o homem que tem consciência, a um só tempo, dos dois infinitos e também de estar situado no meio deles, é o homem que sabe que o conhecimento e o domínio da matéria escapam de sua competência. É o homem, enfim, que opera uma espécie de ruptura entre a aspiração a uma grandeza desmedida e a confrontação com sua extrema pequenez. Causa admiração o fato de o homem, capaz de tão grandes coisas e de sentimentos tão nobres, ao mesmo tempo ser também capaz de mostrar tanta baixeza, até mesmo sentir prazer no aviltamento.

---

[8] *Ibid.*, p. 51.
[9] *Ibid.*, p. 66.

Sem que seja preciso chegar aos extremos, é próprio do homem possuir a visão dos espaços infinitos como também o conhecimento de suas limitações. A correspondência abundante que eu recebo é testemunho disso. Sou estimulada pelos gritos dos que sofrem devido à grande diferença que existe entre o que são e o que queriam ser. Tomando como exemplo um nobre ocupado com a caça, Pascal convida seu leitor a assumir a condição humana:

> Este homem nascido para conhecer o universo, para julgar as coisas e para dirigir um Estado, acha-se inteiramente ocupado em correr uma lebre! Aliás, se não descer a isso, se quiser permanecer noutro nível, será ainda mais tonto, porquanto terá procurado elevar-se acima da humanidade, sem passar de um homem, afinal, isto é, de alguém capaz de pouco e de muito, de tudo e de nada. Nem anjo nem animal: homem apenas![10]

O notável equilíbrio do posicionamento de Pascal nos previne contra duas tentações insidiosas. De uma parte, é uma falsa pista – e muito decepcionante! – a pretensão de querer abandonar nossa condição essencial, negando em nós o animal, o corpo, a matéria. Compreendo alguma coisa nesse assunto. Durante grande parte de minha juventude religiosa, lutei firmemente contra as "tendências da carne", que acreditava pecaminosas. Esforçava-me por comer pouco, dormir menos ainda, entregando-me à disciplina. Resultado: tornava-me cada dia mais tensa, com os nervos à flor da pele. Facilmente perdia a paciência, tornava-me uma pessoa desagradável para meus alunos. Até que um dia, um confessor mais perspicaz me fez compreender que, longe de se constituírem

---

[10] *Fragmento* 140, p. 75.

em pecado, os instintos fazem parte da natureza humana e, em si mesmos, não são nem bons nem maus. Trata-se antes de não entrar em luta contra eles, mas de gerenciar a atividade corporal: ter uma alimentação sadia e suficiente, equilibrar o sono, praticar esporte. Percebia que o bom padre sorria por detrás das grades do confessionário: "Irmãzinha, aceite-se com amor e saiba rir de você mesma! Não transforme as coisas em tragédia, reze sem complexo, como uma criança que oferece tudo a seu pai". Libertei-me: segui seus conselhos e os sigo ainda.

É o universo religioso que está particularmente sujeito à tentação do angelismo, justamente por ser religioso, embora o angelismo seja uma posição igualmente secular. Quantas vezes encontrei mulheres de tal maneira preocupadas em cumprir o ideal da perfeição materna que se esqueciam de si mesmas e acabavam tornando-se maçantes para seus filhos! Sem que elas soubessem, adaptei para elas os conselhos de meu confessor: "Ao se preocuparem demasiadamente com os outros, com seus filhos, vocês se descuidam de sua própria saúde, de seu próprio corpo, da vida conjugal: deixem seus filhos com os outros, aproveitem um fim de semana para o descanso, ouçam um disco que agrade, e assim vocês ficarão mais agradáveis para si mesmas e para os outros".

Hoje, como sempre, são, de preferência, os jovens que a tentação do angelismo coloca em perigo. Possuídos por grande dose de ideal, certos jovens não suportam mais as exigências de sua existência e procuram evitá-las. São tomados pelo desejo de deixar tudo, suas famílias e seus estudos, para se comprometerem com alguma atividade humanitária, o movimento ecológico etc. Estão prontos a se entregar, o que está certo, mas eles querem mudar o mundo, e isso é impossível. Seu ideal imaginário de um mundo puro e justo, sua ilusão de poder por si sós conseguir o que se propõem, são duas negações da condição humana que logo,

logo os levarão a um amargo desânimo. Colocando-se perigosamente acima da condição humana, eles habitualmente adquirem um padrão ríspido de julgamento sobre os outros, convencidos de que estão na pureza de seu ideal. Declive perigoso, fonte de fanatismo! Pascal escreve:

> O homem não é anjo nem animal, e, por infelicidade, quem quer ser anjo é animal.[11]

O fato de não sermos um animal como os outros não quer dizer que precisemos negar o animal que está em nós. Nós somos constitutivamente animais. E isto é muito bom! Cada um de nossos sentidos não foi criado por Deus para comprazer o coração do homem? Aí estão o sabor dos alimentos, o perfume das flores, os sons de uma melodia, o roçar de uma mão amiga ou amada, a contemplação da beleza.

Lembro-me de um fato bem preciso. Durante o noviciado, que é para onde se vai quando se pretende tornar-se uma "santa religiosa", a mestra das noviças era vigilante sobretudo no refeitório. Aí a comida era caprichada. Um dia, quando comi pouco, ganhei uma reprimenda que nunca esperava: "Que faremos com você, irmã Emmanuelle, se você perder uma de suas melhores qualidades, o bom apetite?" Segura de sua experiência, nossa formadora sabia que um bom garfo, quando despreza uma boa comida, está arriscando-se a não dar conta de cumprir fisicamente suas obrigações cotidianas, mas, sobretudo, está dando provas de um ânimo triste que não vai cumprir suas obrigações com alegria. Parece-me, pois, salutar reconhecer o valor dos simples prazeres do corpo, assim como a natureza os exige.

---

[11] *Fragmento* 358, p. 125.

Mas nós não somos apenas animais! Desfrutar humanamente da matéria inclui em si honrar também nossa natureza propriamente humana, pensante e espiritual. Que pode haver de mais saboroso do que uma refeição de pratos escolhidos, compartilhados em uma atmosfera de fraternidade, onde se conjugam o carnal e o relacional, o prazer de se comer bem e a alegria de se estar junto? Nada mais reconfortante do que um casal que se ama, onde a carne, o coração, o espírito têm cada um sua parte (o que, diga-se de passagem, permite que os filhos também se desenvolvam)!

E o que dizer do Evangelho, para o qual as refeições assumem tão grande destaque e tão grande valor, que nos mostra um Jesus que se preocupa tanto com o beber e o comer de seus amigos, a ponto de ser acusado pelos angelistas daquele tempo de "beberrão e comilão" (Lc 7,34)? E é preciso ir mais adiante ainda, lembrar que foi no final de uma ceia, a última que ele fez com seus amigos, que Jesus declara o sentido de sua vida e de sua identidade: ele se oferece a si mesmo como o pão e o vinho que são repartidos: "Isto é meu corpo entregue por vós, este é meu sangue derramado por vós". Ser homem não é viver aquilo que toca ao mesmo tempo o corpo e a alma?

As três libidos

Aquele que aconselha que se participe com alegria das coisas materiais só merece elogios. Existe, contudo, um "mas". "As coisas boas existem para as pessoas boas, em uma medida boa!" Assim ensinava uma boa mamãe. E como ela estava de acordo com a visão de Pascal! Quantos maus físicos, em primeiro lugar, mas também psíquicos e espirituais entram em um beco sem saída quando essa pequena regra é contrariada, quando se atinge a falta de limites, quando o prazer material é separado do todo restante, e buscado por ele mesmo!

Lancemos, primeiramente, um olhar sobre a fascinação do poder, essa sede de dominação, cujas pegadas podem ser encontradas em todo tempo e lugar. Que luta implacável para se obter a liderança incontestada de uma entidade política, religiosa, industrial, mafiosa e até familiar! Todos os meios parecem bons para se esmagar o adversário ou o agressor. Parece até que ainda estamos no começo do mundo: "Caim atirou-se sobre seu irmão Abel e o matou" (Gn 4,8). Essa febre que atinge o cérebro não provém de um instinto primário de morte, da eliminação do outro, entranhado na carne a ponto de sufocar o espírito?

Com a fome de poder atingimos, na verdade, o cimo das três "libidos" de que fala a primeira epístola de João (2,16), citada e comentada por Pascal:

> Tudo o que há no mundo é concupiscência da carne, ou concupiscência dos olhos, ou orgulho da vida: "libido sentiendi, libido sciendi, libido dominandi"[12]. Desgraçada a terra de maldição que esses três rios de fogo abrasam, em lugar de irrigar.[13]

Qual de nós, em um dia qualquer, não se sentiu perturbado por uma dessas três formas fundamentais da concupiscência? A ordem da matéria, quando se separa da ordem do espírito e da ordem do coração, cria uma forma de servidão que ninguém mais permanece dono de si. Particularmente, a sede de poder transforma a pessoa em monomaníaca e faz com que ela perca seu valor humano.

---

[12] A vontade, o desejo de sentir, de saber, de dominar.
[13] *Fragmento* 458, p. 151.

Acompanhando Pascal, usemos um pouco de humor para descrever a falsa felicidade dos dominadores de seu tempo, os reis:

> E daí, por fim, ser o maior objeto de felicidade da condição dos reis essa preocupação constante dos outros em diverti-los e em propor-lhes toda a espécie de prazeres.
>
> O rei está rodeado de pessoas que só pensam em diverti-lo e em impedi-lo de pensar em si mesmo. Porque, se pensa em si mesmo, é infeliz, por mais rei que seja.
>
> Eis aí tudo o que os homens puderam inventar para se tornarem felizes.[14]

Aí está o desejo de dominar.

Vamos, agora, à *libido sciendi*, a concupiscência do saber. No capítulo seguinte discorrerei longamente como ela me desviou. Agora vamos ver somente como é grande a ambição do homem de submeter a matéria a seus fins pessoais, e como é ambígua a excelência da ciência e das técnicas. Não deixa de ser verdade que elas fazem a humanidade progredir, mas, em primeiro lugar, seria um progresso para o bem de todos? Perante a distribuição desigual, sobre o planeta, dos benefícios da ciência e da medicina, torna-se legítimo questionar se elas não são instrumentos de dominação da parte privilegiada da humanidade sobre a outra. Em segundo lugar, como não se questionar diante de certos "progressos"? As tentativas de clonagem reprodutiva – e também terapêutica – não traduzem a tentação de reduzir o corpo humano, a carne humana, a simples coisas, à matéria finalmente disponível? No século passado, a ciência surgiu como a maravilha que iria definitivamente dominar a matéria e libertar o homem de todos os seus males.

---

[14] *Fragmento* 139, p. 72.

Quimera! A matéria lhe escapou e eis que agora as próprias conquistas da ciência colocam em perigo a atmosfera, a alimentação, a terra, a humanidade.

Falemos, finalmente, da *libido sentiendi*, a sede de sentir. Hoje ela nos é a mais familiar, uma verdadeira e irracional obsessão. O apelo para um consumo cada vez mais desenfreado cria, em nossos contemporâneos, a obsessão de ganhar cada vez mais dinheiro, e tenho a coragem de afirmar: a qualquer preço que for preciso. A corrupção atinge os níveis mais elevados do Estado, as instituições, as empresas, e isso, muitas vezes, numa total impunidade. Idi Amim Dada, o velho ditador da Uganda, possivelmente morreu sem jamais ter sido julgado. Estima-se em ao menos cem mil o número de pessoas que ele fez desaparecer, muitas vezes para se apoderar de seus bens... Outro fenômeno, muito conhecido, é o comércio de drogas, que escandalosamente enriquece um punhado de criminosos de todo calibre: "Irmãzinha, por que quer que eu trabalhe?", respondeu-me um contrabandista: "Em um dia ganho muito mais do que em um ano de trabalho!"

Mas, cuidado! Não nos deixemos enganar. Se formos além dessa aparência de um grande negócio, dessa procura desenfreada por sensações, quanto mal-estar, quantas angústias! Procuremos primeiramente descobrir, em nossa própria carne, o grito de sofrimento que se levanta dessa corrida desenfreada em busca unicamente do prazer. Irmã Nina, uma companheira de comunidade, foi para mim como uma luz a esse respeito. Ainda jovem religiosa, eu a encontrei quando de minha chegada a Istambul. Toda vez que ela ouvia algum relato lamentável sobre fulano ou sicrano, eu a ouvia exclamar para si mesma: "Gente, o que somos nós?" Este "nós" ela o pronunciava com uma entonação desolada que eu via o quanto ela vivia esse drama nela e para ela, o quanto ela se sentia portadora da mesma entranhada fraqueza. Nascida em uma pequena e pobre aldeia dos confins da Geórgia, ela nunca havia lido Pascal, mas, como ele, aplicava a si mesma aquilo que ficava sabendo a respeito da humanidade em seu conjunto:

Como é oco e cheio de baixeza o coração do homem![15]

Que contraste estonteante: o coração do homem é, ao mesmo tempo, oco, vazio, mas entupido com toda a espécie de refugo, tudo aquilo que deve ser destinado à lixeira. Esse refugo passa a simbolizar o nada dos prazeres efêmeros, com seu apelo e sua perpétua fuga em busca de uma repetição sem realização alguma, como um vento devastador que nos absorve, nos arrasta e nos deixa vazios. Esse pensamento está entre aqueles que mais me tocaram, e ainda é como se, às vezes, eu o sinta turbilhonar em torno e dentro de mim. Tantas expressões diferentes chegam ao mesmo resultado. Ora é um santo que revela ter visto, um dia, seu próprio coração, nu e cru, o que muito o horrorizou. Ora é o filósofo José de Maistre que ousa escrever: "Eu não conheço o coração de um criminoso, mas o de um homem honesto, e o que aí enxerguei me assustou".

A negação e o culto da morte

Avancemos, enfim, um último passo. A condição material do homem, sua animalidade e sua corporeidade implicam também que ele deve morrer.

---

[15] *Fragmento* 143, p. 76.

O último ato é sangrento, por bela que seja a comédia restante: joga-se, afinal, terra sobre a cabeça, e para sempre.[16]

Nossa luta com a morte não diz respeito apenas a nossa condição animal, a uma espécie de fatalidade devida à natureza. Diz respeito também a nossa consciência propriamente humana. "O homem é o único animal que sabe que deve morrer", escreveu André Malraux. Ora, diante disso, manifestam-se muitas vezes duas reações opostas: a não-aceitação da morte e o culto da morte.

A primeira atitude é apenas dissimuladora: nada de coches pretos, puxados por cavalos negros, mas muitos carros de passeio, de cores reluzentes, acompanhando os corpos. Nenhuma feição compungida, mas quanta maquilagem! Nenhum canto lúgubre na cerimônia fúnebre. Neste mundo, onde reina o imaginário, tornou-se comum negar certos aspectos da condição humana. As campanhas publicitárias martelam nossos ouvidos sem cessar: "Aleluia, mantenhamo-nos sempre belos, jovens e cheios de saúde!" Em seu esplendor horroroso, o angelismo reina soberanamente, negando a condição humana, negando o tempo, negando a doença, negando a morte.

Em oposição a tudo isso, desenvolve-se hoje um gosto por tudo o que é mórbido. Usam-se roupas de tons mortiços, enfeita-se o quarto com caveiras e imagens macabras, exatamente como um dia fui presenteada por um jovem amigo. Dormi entre tecidos negros, coberta como que por uma mortalha, em um quarto iluminado (isto é apenas um modo de dizer) com luzes negras. De manhã, ele simplesmente me explicou que era assim que, a cada dia, se preparava para a morte e que apenas havia imaginado dar-me um prazer. Respondi-lhe: "Na verdade isso tudo não tira meu sono, mas eu prefiro o branco!" E nós dois começamos a rir.

---

[16] *Fragmento* 210, p. 91.

Para dizer a verdade, ele nunca chegou a desenterrar cadáveres ou a organizar pseudo-missas negras, como alguns costumam fazer.

Levemos a sério nossos impulsos mórbidos: a morte pode nos fascinar, o suicídio, às vezes, poderá vir a nosso encontro. Para aqueles que nela se comprazem, a vida parece bela. Mas para aqueles que apenas a suportam, ela parece fúnebre. Para todos, ela é caótica, é um vaivém, às vezes eleva-nos até às alturas, outras nos arrasa, com implacável indiferença. Rei ou mendigo, o final é o mesmo: um cadáver desce para o túmulo.

Se tem de acabar assim, de que adianta viver? Estaremos participando de uma grande comédia? Em uma tarde de minha adolescência, desanimada de tudo, abri a janela de meu quarto de dormir. Era no segundo andar. Ainda me vejo me pendurando sobre a rua. É só pular e... *finita la commedia*! O que foi que então me impediu? O caniço pensante? O homem, ser miserável e também grandioso, por que pensa? Ou, antes, o medo assustador de morrer estatelada sobre a rua, ou pior ainda, viver com os membros deslocados? Fechei a janela e não me lembro de jamais tê-la novamente aberto com as mesmas intenções.

Desde então, sinto-me em comunhão com aqueles que, sob um céu cinza, sobre uma terra hostil, tornam-se como que hipnotizados à vista do salto final para a tumba! De onde provém, então, esse desânimo, esse mal-estar que se aloja tão facilmente em nosso espírito, na sensibilidade e nas entranhas, e que nos causa tanta náusea? Quantas expressões de desespero tenho escutado, gritos que repercutem como uma seqüência de ecos que nos fazem sentir mal, sobretudo quando já se passou por semelhante experiência. O pior é que parece que caímos em uma armadilha mortal, sem poder encontrar uma saída e sem saber por que aí se está. Por toda a parte só se vê corrupção, injustiça, cheiro de morte. O amor? Uma mentira vazia e sem sentido. O ódio se apossou de todo o planeta, e até de meu coração! Alguns se sentem amaldiçoados, amaldiçoados pelos homens e amaldiçoados por Deus, se é que ele existe: sofrimento tão horrível como aquele de Jacó nesta luta, não mais com o anjo de Deus, mas agora com o anjo da morte.

Por que alguém chega ao ponto de ficar obnubilado assim pela face tenebrosa da condição humana? O que é que fica faltando para que tudo seja insuportável e insensato, estúpido e vazio? A verdade é que se precisa de uma razão para viver. Pois, carregamos forças vivas dentro de nós, e não fora de nós. E essas forças nos devoram do interior para o exterior, se não encontram como se manifestar. O nada é a falta de um terreno onde possamos exercitar nossa sede de existir, de viver, de sermos nós mesmos. Quando o impulso da vida cai no vazio, então nos apegamos a soluções provisórias, a pequenos nadas, à moda, à posição social. Procuramos viver somente por viver. Ficamos delimitados somente à ordem da matéria. Alguns, contudo, logo fazem experiência, que outros farão somente mais tarde, ou mesmo nunca, de que não se pode apegar ao nada nesta vida, que todos esses sucedâneos não são senão vaidades efêmeras.

Se a saída do nada não está na ordem da matéria, na satisfação obsessiva de nossos sentidos, deveríamos, então, procurá-la nas coisas do espírito? Essa nobreza que nos vem do pensar seria a escapatória para a falta de sentido que, por toda a parte, nos está cercando?

Capítulo II

A razão paradoxal

Quanto a mim, pessoalmente, estava fascinada pelas coisas do espírito. De um lado, Pascal havia feito com que eu descobrisse a grandeza do homem que pensa. Adolescente, sentia-me uma pessoa viva, possuidora de uma nova dignidade. De repente, havia percebido que o universo, em toda a sua imensidade, não vale um único pensamento. O universo é inconsciente e, por isso, informe e imóvel, sem a inquietação que é própria do espírito. O movimento dos astros, estonteante em sua amplidão e em sua multiplicidade, é, com efeito, passivo e não pensado: movimenta-se e depois se aquieta. Somos nós, os humanos, que damos vida ao universo. Minha responsabilidade é, pois, assumir a atitude de pensar corretamente.

De outra parte, o pensamento leva ao reconhecimento, de acordo com Pascal, do valor da ordem da matéria. É preciso, na verdade, que nosso relacionamento com a matéria, conforme já disse, seja corretamente ajustado. Pois, também nesse ponto nós podemos ser levados muito longe, muito baixo. Ora, era ainda muito moça quando consegui livrar-me dessa ameaça. No próximo capítulo falarei mais sobre o assunto.

Minha ânsia tornou-se, então, imperiosa e universal. Queria conhecer tudo, tudo compreender, assimilar tudo: primeiramente a filosofia, mas também a história da humanidade, os astros, a arqueologia, a escrita cuneiforme e os hieróglifos, as ciências e as artes, profanas e religiosas, a teologia e as obras da literatura.

Tudo se apresentava diante de mim apaixonadamente. Lia tudo, anotava, resumia em cadernos de cores diferentes, de acordo com a classificação dos temas. De ano em ano os cadernos se amontoavam. Eu era, naquele tempo, uma entusiasta da inteligência e minha curiosidade nunca estava satisfeita.

Essa sede inextinguível, contudo, não passou imune de provações. A primeira foi o desenvolvimento caótico de meus estudos. A segunda, pior, foi a descoberta das limitações da razão. E, finalmente, fiz a experiência radical de minha própria incapacidade.

Uma caminhada feita de altos e baixos

Para começar, meu comportamento perante os estudos não foi isento de ambigüidades. É verdade que tinha uma grande fome de conhecimento, mas sempre relacionei essa fome a meu objetivo principal, o serviço das crianças pobres. Ao terminar o noviciado, na verdade, recusei-me a continuar os estudos na Sorbonne, que me foram propostos por minha superiora geral, Madre Gonzales. Porque era ao extremo cuidadosa com o desenvolvimento de cada uma das irmãs, estava a par de minha ansiedade pelos estudos. Mas, depois de dois anos de formação intensiva para a vida religiosa, tinha pressa de começar meu trabalho. Acaso, não fora para isso que entrei para a congregação de Nossa Senhora de Sião? Minha próxima partida para a Turquia enchia meu coração de alegria. E depois, naquele tempo, a formatura no curso secundário era suficiente para que se pudesse lecionar no primário.

Mais tarde, empenhada com as classes de grau médio, que hoje correspondem ao colégio, compreendi que um diploma universitário, naquele momento, tornava-se necessário para mim. Mas então a Segunda Guerra Mundial mergulhou a Europa no caos: tornou-se impossível a comunicação entre Istambul e a Sorbonne. Inscrevi-me em uma universidade local para obter licença em letras francesas. Foi-me concedido um tempo livre para isso, e obtive logo um primeiro diploma em filosofia. No ano seguinte, uma das irmãs foi designada para a Romênia, e eu me vi obrigada a garantir seu lugar, além do meu. Foi a primeira interrupção involuntária de meus estudos! Com paciência, esperei um momento mais favorável. Mas eis que, com o passar do tempo, estava aproximando-me dos meus cinqüenta anos. Fui enviada para a Tunísia e a ocasião me pareceu boa para uma retomada. Com efeito, pude matricular-me no Centro Cultural Francês, que então estava ligado à Sorbonne, e permitia a obtenção de uma licenciatura. Agradeci às humanidades estudadas na Bélgica, pois me deram bases sólidas no latim e no grego. No fim do ano, pude fazer os exames escritos, para cujas matérias me matei de estudar à noite, depois do término das aulas. Agora, a caminho de Paris para os exames orais! Mas, logo que coloquei os pés no navio, comecei a sofrer um terrível enjôo, por causa do mar, que me deixou impossibilitada de revisar as matérias. Durante toda a travessia fiquei de cama, sacudida por náuseas. Cheguei à capital como que moribunda, nem parava de pé. Uma boa alma telefonou para o convento e duas irmãs logo acorreram em um carro para me buscar e minhas bagagens. No convento, um médico me atendeu: meu pulso estava fraco e a respiração difícil. Esse incidente de saúde não comprometeu meu exame, malgrado minha preocupação. Apesar de estar mal preparada e em estado lastimável, obtive média assim mesmo. Mas surgiu uma conseqüência mais grave: a madre superiora de Tunis, temendo que minha saúde não suportasse a preparação para a licenciatura juntamente com o magistério, pediu-me que interrompesse os estudos.

Isso foi para mim um inesperado e tremendo golpe, que me abalou profundamente. Como! Sem pedir uma única hora de prorrogação eu havia conseguido meu diploma. É bem verdade que tinha passado por um mal-estar, mas gozava agora de perfeita saúde. Logo quando tudo ia na melhor das situações, no melhor dos mundos, tentavam me parar! Minha cabeça estava se partindo de tanto se bater contra essas dificuldades estupidamente levantadas. Sentia-me grudada no chão, em vez de ir para diante rapidamente, em um mundo que me embriagava intelectualmente e correspondia a minha ânsia de viver. Uma sensação de morte se infiltrava em mim.

Minha única escapatória foi a oração. Ia para a capela para me derramar em recriminações, gênero Dom Camilo: "Enfim, Senhor, como permites que aconteça essa idiotice? Não te incomodas com a estupidez de minhas superioras?" Naquela ocasião voltavam-me à mente as palavras de nossa formadora, a mestra das noviças: "Um dia, vosso voto de obediência parecerá um jugo de morte. Mas, então, vós estareis ainda mais unidas ao Cristo crucificado, unidas mais também à multidão de homens e mulheres – sem dúvida mais de mulheres que de homens – que se debatem em laços muito mais opressores que os vossos!" Madre Maria-Afonso batia forte, mas ela tinha razão. É bom rezar pelos que sofrem, mas, quando somos nós mesmos que sofremos, o coração se abre, a oração se transforma, e também a atividade. Fica-se então mais desejoso e mais capacitado para aliviar o sofrimento.

Lembre-se de seu primeiro fervor, Emmanuelle! Ao terminar o noviciado foi você que recusou a proposta de sua superiora, a matrícula na Sorbonne, para se consagrar exclusivamente à infância prisioneira de seu estado de impotência e de sua condição social. Você sonha compartilhar a pobreza humana, mas com muito jeitinho você quer é enriquecer! Esse desejo de acumular saberes será que não tem nada a ver com a acumulação de bens e prazeres materiais? Essa revolta que a consome não é conseqüência da busca de um prazer centrado em você mesma? Você quer servir e amar, mas veja seu orgulho, seu egoísmo, sua vaidade. Veja a grandeza de seu ego em seu desejo de crescer e de aparecer! Lembre-se de Pascal:

> Não nos contentamos com a vida que temos em nós e em nosso próprio ser: queremos viver na idéia dos outros uma vida imaginária, e, para isso, esforçamo-nos por fingir. Trabalhamos, incessantemente, para embelezar e conservar nosso ser imaginário e negligenciamos o verdadeiro.[1]

A tempestade durou muitos dias. Finalmente compreendi, ajudada por Pascal e fortalecida pela oração, a amplitude do imaginário em minhas motivações. Estava mergulhada na *libido sciendi*, a concupiscência do saber. Não estava querendo saber tudo, compreender tudo? Que loucura é o desejo da totalidade! Ele vai muito além das forças humanas e se fecha em si mesmo. Ao passo que meu ser verdadeiro encontrava sua alegria e sua grandeza no serviço dos pequenos, eis que qualquer coisa em mim fazia esforços desesperados para correr atrás de algo ilusório e construir uma imagem poderosa de mim mesma, a meus próprios olhos e aos olhos dos outros. Que bobagem essa, Emmanuelle, de se desmoronar toda porque não consegue se parecer com uma... pena no chapéu de formatura!

Até que era razoável querer obter um diploma, agora que estava ministrando aulas para alunos maiores. Mais ainda, o estudo proporcionava-me maior abertura para o mundo e para os homens. A verdadeira cultura propicia, na verdade, uma visão

---

[1] *Fragmento* 147, p. 77.

mais universal, um olhar de respeito para com cada cultura, um olhar que percebe seu valor único. Mas havia sido uma paixão doentia pelos estudos que se formara em mim, assim como a bolha amarga de uma revolta. Finalmente, por outra parte, os acontecimentos permitiram que me preparasse para os diversos exames e, aos cinqüenta e cinco anos, obtive a famosa licenciatura em letras clássicas, cujo processo me custou vinte e cinco anos de minha vida!

A dúvida e o insucesso da razão

Durante o mesmo período tive de enfrentar outra prova, de natureza mais grave, a prova da dúvida e do insucesso da razão raciocinante. As conseqüências dessa crise nunca desapareceram completamente.

Naquilo que diz respeito a minha fé cristã, é preciso dizer que, ao chegar à Turquia, eu possuía aquilo que se pode chamar de "fé acrítica". Nada, absolutamente nada do que era ensinado pelo Magistério da Igreja podia ser colocado em dúvida. Do ambiente rigorosamente católico onde cresci, fui diretamente para o convento. Ora, é um fenômeno generalizado que toda a convicção, religiosa, política ou moral, passa por assaltos diversos ou até corre o risco de ser perdida, quando se é afastado do ambiente onde ela foi forjada.

Na universidade de Istambul, de que já falei, entrei em contato com os mundos muçulmano e judeu. Tive como professores pessoas de valor inigualável, tanto intelectual, como religioso e moral. Para o Sr. Feyzi, o Profeta era Maomé; para o Sr. Auerbach era Moisés; e para mim, era Jesus. *Quid est veritas*? O que é a Verdade? (com maiúscula). Sim, onde está a verdade absoluta?

Essa pergunta fulgurou bruscamente em mim, como um relâmpago. Hoje, os jovens, depois de terem facilmente aceitado as lições de catecismo em sua infância, recusam-se mais tarde a aderir a elas. Mergulhados em um mundo onde parece que Deus está ausente, e assim se sentem de acordo com seu meio ambiente. Minha posição era dramaticamente oposta: havia me consagrado de corpo e alma a Cristo, segura de que ele era a luz. Egoísta por temperamento, nele havia encontrado a fonte do amor que me atirava com paixão para os outros, sobretudo para as crianças. Então, toda a minha vida havia sido construída com base em uma ilusão? Que beleza! Havia "embarcado", nas palavras de Pascal, por um caminho que agora me parecia incerto. Que fazer, aonde ir, que caminho tomar? De repente me via perdida em um túnel escuro e sem saída.

Foi assim que, durante muito tempo, fiquei dividida entre meu coração, sempre apegado à fé, e meu espírito, que sempre exigia provas. Afetivamente dizia sim a Deus, racionalmente lhe dizia não. Ora, sou exigente, não podia permanecer parada diante da porta; minha vontade era quebrar a porta e achar Deus por minha própria razão. Aplicava a mim mesma a máxima de Marco Aurélio: "A dificuldade é o campo próprio para a ação". Bem que a Verdade poderia encontrar-se em algum lugar!

Colocando em prática a preparação de meu diploma de filosofia, buscava um sistema seguro, um instrumento próprio para essa descoberta. Que decepção! Verificava que todo "grande" filósofo tem a pretensão de apresentar um arrazoado melhor do que o de seu predecessor, argumentação que, por sua vez, será controvertida. Era uma "rosca-sem-fim", como diz Montaigne, uma roda-viva: um vaivém, um rodar sem parar. Naquela época, quem estava na moda era Bergson, o grande mestre do Collège de France. E para mim ficou claro que chegaria a vez de ele também passar, o que, de fato, aconteceu.

Permanecia em minha obsessão. O que não lhe dizia respeito, era deixado de lado, ia procurar em outro lugar. Mergulhei no estudo de todas as religiões, buscando uma que me fornecesse provas irrefutáveis. Interessei-me especialmente por certas figuras de destaque. Citarei alguns, ao acaso: Guilgamesh, o herói sumero-acadiano, em sua ilusória busca da eternidade; Aquenaton, e sua formosa esposa, Nefertiti, que inaugura, no Egito, o culto efêmero de um deus único, Amon; Brama, com sua ordem cósmica, onisciente e onipresente; Buda, o iluminado, cujo caminho de sabedoria atrai ainda muitos seguidores; entre os chineses, Lao-Tsé, grande escritor, e Confúcio, o filósofo da moral. Mergulhava no estudo do judaísmo, demorando-me longamente em Maimônides, com sua obra principal, *Guia dos perplexos*, na qual procura conciliar a fé com a razão. Apeguei-me ao Islã, no qual a figura extraordinária de Halladj me fascinou a tal ponto que li e reli a obra considerável que Louis Massignon lhe consagrou. Por toda a parte recolhia os raios de luz. Enfim, cheguei ao cristianismo. Com toda a certeza de que a vida apaixonante de Cristo, morto por amor dos homens, reconfortava a alma. Sim, mas – porque sempre existe um grande mas – quem poderia me provar que, como é afirmado no *Credo*, o símbolo de Nicéia, ele é "Deus de Deus, luz da luz"? Mais uma vez desiludida, amaldiçoando, fechei meus livros. Lancei um olhar de desdém sobre os cadernos onde, animada por uma esperança ingênua, havia ajuntado tantas anotações sobre as filosofias e as religiões. Quanto tempo perdido!

Haveria outro caminho para ser explorado? Mas, como não havia pensado nisso antes? Precisava era da teologia! Tomás de Aquino, sobretudo, soube me seduzir. Devo confessar que não li todos os volumes da *Summa Theologica*. Mas, ao chegar às cinco provas da existência de Deus, não fiquei nada satisfeita com a argumentação, qualquer que seja seu valor. Resumindo, o estudo da teologia não me proporcionou aquilo que devia ser demonstrado, não me levou às respostas que procurava.

Finalmente, cheguei à conclusão desesperadora de que a razão raciocinante nada me podia fornecer. Mais tarde, verificaria quanto esse estudo me enriqueceu. Não foi a pesquisa que foi falha. Em si mesma, ela foi muito boa. Existe no homem uma legítima propensão para a verdade. Mas, era justamente o objetivo atribuído a minha pesquisa que continha em si o impasse: querer compreender Deus, no sentido latino da palavra, *comprehendere*, "apoderar-se do todo". Queria, de fato, apossar-me do próprio Deus, domesticá-lo. Que orgulho! Que excesso de imaginação! Julgava-me capaz de, como Deus, atingir o conhecimento absoluto. Nesse caso, não se tratava apenas de acumular quantitativamente conhecimentos. A universalidade quantitativa devia abrir espaço para a universalidade qualitativa, àquela tentação que Adão e Eva conheceram, a de se tornarem "como deuses" (Gn 3,5), tendo comido o fruto da árvore proibida, a árvore do conhecimento universal.

Uma de nossas superioras nos havia dado um conselho: "Quando você estiver em qualquer dificuldade, leia com simplicidade uma página do Evangelho, como uma criança que se sente feliz ao ler uma bela história que repercute em seu coração". Assentada diante do tabernáculo, no silêncio que liberta a tensão dos nervos e do cérebro, gostava de meditar o capítulo 6 do evangelho de João. Usava, então, o método preconizado por Santo Inácio, em seus *Exercícios*. Imaginava a cena em seus detalhes, via Jesus sentado em uma barca e seus ouvintes diante dele, à margem. Deixava, então, que suas palavras, tão chocantes aos ouvidos humanos, penetrassem em meu coração: "Eu sou o pão vivo que desceu do céu. Quem come deste pão viverá para sempre. E o pão que eu vou dar é minha própria carne para que o mundo tenha vida" (Jo 6,51). É fácil imaginar a reação de seus ouvintes: eles discutiram entre si e se afastaram zombando desse profeta. Quereria ele transformá-los em antropófagos? Jesus, sem se deixar desconcertar, volta-se para os doze: "vocês também querem ir embora?", ele não mudou seu discurso, nem os obrigou a ficar. O impulsivo Pedro, sempre o primeiro a se atirar à água, exclamou: "A quem iremos, Senhor? Tu tens palavras de vida eterna". Pedro não estava compreendendo nada, mas ele acreditava. E eu que duvidava, a quem me dirigir? Teria sido necessário abandonar a luz que emana de Cristo, para me conformar ao espírito do tempo, então marcado por Sartre e Camus e seus questionamentos sobre a absurdidade da vida?

Isso serviu para mim como uma contradição radical de minha experiência. Desde a idade de doze anos eu experimentava, todos os dias, a força provinda da eucaristia, meu pão de vida. Malgrado minhas dúvidas e o orgulho de minha razão, uma fraca voz murmurava no fundo de minha alma: "De onde vem todo o seu dinamismo? Sua perpétua renovação, a não ser da presença de Cristo em você?" Eu, tão fraca, tão inconstante, sem o apoio seguro das provas racionais, assim mesmo corria, entusiasmada, dando também minha carne para fazer brotar a vida. O argumento concreto da existência compensava o fracasso da razão abstrata.

Esse período de dúvidas, que se estendeu por muitos anos, foi, na verdade, difícil de ser suportado. Mas ajudou a me transformar em uma irmã universal. Hoje, como compreendo aqueles que duvidam, aqueles que se recusam a acreditar, aqueles que procuram em vão. Eles são como uma parte de mim mesma. Um de meus amigos, filósofo agnóstico, perguntou um dia: "Como é que você pode acreditar?" Respondi-lhe prontamente: "Isso é uma coisa impossível para pessoas como você! – Por quê? Simplesmente porque, como afirma Pascal no *Memorial*, Deus não é o Deus dos filósofos e dos sábios, mas é o Deus de Abraão, de Isaac e de Jacó".

O Deus vivo que se revela ao homem vivo não pode ser encontrado nem por força de raciocínios, nem do outro lado de um binóculo. Crente ou não crente, sempre é preciso estar desconfiado de um intelectualismo puro, fuga do real e da atividade. Crente ou não crente, é preciso desconfiar do imperialismo da razão. Abandonada unicamente a suas forças, a razão se crê capaz de tudo, de tudo abarcar, de dominar tudo. O que me salvou foi descobrir os limites da razão e, por fim, aceitá-los.

Grandeza e queda da rainha do Oriente

Experimentar minha própria incapacidade foi, para mim, uma terceira prova. Embora as dúvidas que assaltaram minha fé tenham me parecido algo desestabilizante, o relacionamento com jovens estudantes, em Istambul, era para mim um motivo de constante alegria. Que poderia haver de mais emocionante do que as conversas com uma juventude ávida pela cultura francesa? Essa juventude descortinava horizontes sem fronteiras, tinha a certeza de que o melhor de si mesma estava sendo valorizado. A mestra, que dirigia todo esse crescimento, era tida como uma pessoa de grande valor. Eu era cercada de uma afeição sem limites. Nesse meio oriental, pode-se mesmo falar de uma espécie de corte, da qual eu era a rainha incontestada.

Que transformação brutal quando fui enviada para a Tunísia! A responsabilidade por duas classes de filhas de colonos franceses colocava-me diante de um público totalmente diferente. Essas alunas de doze, treze anos somente iam para a escola porque seus pais mandavam. Travessas, elas eram inquietas e quase não se relacionavam comigo. O clima úmido e quente de Tunis minava minhas forças. Enfraquecida e fatigada desde a manhã até a noite, era incapaz de me impor a essa idade efervescente. A rainha do Oriente havia ficado muito longe!

Um sucesso, qualquer que seja, provoca facilmente uma espécie de embriaguez enganadora. O ensino, pelo menos do modo como era feito na época, significava uma posição de poder. Das alturas de sua cátedra, o professor dominava fisicamente a situação, proferia verdades indiscutíveis. Ele se percebia como um mestre incontestado saber, do qual era o administrador soberano. Sacerdotes e sacerdotisas do espírito, nós éramos os Transmissores do Saber! Nesse contexto, como era fácil alguém se supervalorizar, considerando-se um super-homem – ou super-mulher – desprezando o restante da humanidade! O semblante assume um ar de superioridade, o andar se torna majestoso e o falar adota um tom de importância.

Esse reverso tunisino furou meu balão. Esvaziei-me. Perdi minha confiança em mim mesma, a depressão estava às portas. Restara apenas um pobre ser diante de seu nada.

Pascal ilustra magistralmente a contradição inerente à ordem do espírito. De um lado, ele afirma a grandeza de inteligência: "O pensamento faz a grandeza do homem"[2]. De outro, ele se queixa de sua limitação. Malgrado toda a dedicação de seu gênio universal, ele não conseguiu conhecer a não ser uma parte ínfima do universo. Como ele deveu ter sentido cruelmente o abismo

---

[2] *Fragmento* 346, p. 123.

que separava sua imensa vontade de saber do pouco que lhe era permitido compreender: diferença monstruosa!

> Desproporção do homem [...] é-lhe igualmente impossível ver o nada de onde saiu e o infinito que o envolve [...] em um eterno desespero por não poder conhecer nem seu princípio nem seu fim.[3]

Nós ardemos no desejo de encontrar um terreno firme, uma base segura e firme para aí edificar uma torre que se eleve até o infinito. Incessantemente somos tentados a ceder ao angelismo, negar nossa condição humana feita de grandezas, mas também de limitações. De fato, o que o animal não pode fazer, porque não é um ser pensante, nós temos a capacidade de realizar. Mesmo sendo animais, temos a capacidade de descobrir as leis que regem o universo, temos a faculdade de colocá-las a nosso serviço, de utilizá-las, de agir sobre a matéria, de transformar o mundo. A audácia de nossa razão parece não ter limites. De imediato, o céu parece estar a sua disposição, ela manipula as diferenças a seu bel-prazer, como em Babel, quando os homens falavam uma só língua e pretenderam construir uma torre. A tentação de "se tornarem como deuses" está sempre a nossa porta, pois a razão, entregue a si mesma, produz a sensação de que o homem é todo-poderoso. Grandeza e miséria que a fazem se aventurar na ordem do espírito! Ela parece portadora de promessas infinitas, mas acaba reconhecendo sua impotência. Então,

> ... os alicerces ruem e a terra se abre até o abismo.[4]

---

[3] *Fragmento* 72, p. 51-52.
[4] *Fragmento* 72, p. 54.

Buscando sua própria transcendência, em qualquer domínio que seja, o homem descobre um dia sua fraqueza ontológica. Como Adão e Eva, seus olhos se abrem, mas é para descobrir que está nu.

A fraqueza essencial está no corpo, e dela você não pode se libertar e nem se libertará jamais, até a morte. Longe de ser suprimida pelo espírito e por sua ordem, você, pelo contrário, adquire aí uma consciência mais dolorosa ainda do que na ordem da matéria. Espremido entre o infinitamente grande e o infinitamente pequeno, crucificado entre o poder, a nobreza de sua razão e a experiência de suas limitações, enfrentando o vazio em si mesmo e a certeza inelutável da morte, o homem, "coração oco e cheio de baixeza", sente, nesse momento, a tentação de fugir, fugir para a frente.

Segundo movimento

A FUGA E A SAÍDA

Capítulo III

A diversão

Uma descoberta feita por Pascal não pode ser esquecida, seja ela a primeira máquina de calcular, ou as premissas do cálculo integral, ou, então, seu diagnóstico quanto ao câncer que rói a alma humana. Seu bisturi alcança aquele tumor que é o mais difuso, o mais prejudicial, o mais comum, tumor que atinge cada um e todos nós de maneira mais ou menos acentuada, que é nossa dificuldade de achar a felicidade ali onde ela está, no íntimo de nós mesmos.

> Divertimento – Quando, às vezes, me pus a considerar as diversas agitações dos homens, e os perigos e os castigos a que eles se expõem, [...] descobri que toda a infelicidade dos homens vem de uma só coisa, que é não saberem ficar quietos dentro de um quarto.[1]

Pascal chama de "divertimento" a fuga para a agitação, para fora de si. Interiormente, com efeito, não existe solução visível que nos possa curar da sensação de vazio. Um vazio que, conforme o indivíduo, é sentido com maior ou menor intensidade de amargura. Certamente que todos nós o conhecemos. Mas, alguns dentre nós e Pascal fazem parte desse grupo, não aceitam permanecer nessa superfície. Queremos

---

[1] *Fragmento* 139, p. 71.

ir mais adiante, chegar a ter uma percepção mais profunda de nós mesmos.

Muitas vezes os jovens vivenciam esse sentimento. E são múltiplas as razões para isso: eles ainda não foram assoberbados pela luta pela vida e, conseqüentemente, encontram-se mais livres, porque são menos apegados às coisas, às conveniências sociais, às necessidades da existência. Estão mais preocupados em descobrir a si mesmos, sua identidade: quem sou eu? Enfim, eles ainda não se descobriram na obrigação de entrar na luta pela sobrevivência, na rotina fastidiosa do cotidiano, quando, muitas vezes, não se tem mais tempo nem gosto para pensar. O adolescente pensa e procura mais do que o adulto. E é justamente por isso que acho os jovens apaixonantes.

A maior de nossas misérias

Seja qual for sua situação particular, o homem sai à procura de uma complementação para seu ser, toda vez que sente a experiência do vazio, um vazio que se apresenta como irredutível. Como preenchê-lo? A solução imediata que se apresenta é uma busca desorientada fora de si mesmo.

> Miséria – A única coisa que nos consola de nossas misérias é o divertimento e, no entanto, essa é a maior de nossas misérias. [...] Mas o divertimento alegra-nos e leva-nos insensivelmente à morte.[2]

---

[2] *Fragmento* 171, p. 80.

Mais ainda do que no tempo de Pascal, as solicitações que nos vêm de fora apresentam-se hoje como legião. Dentro de nossos lares: rádio, televisão, computador. Na garagem: carros prontos para nos transportar. Na cidade: ruas profusamente iluminadas; dia e noite vitrinas e atraentes cartazes publicitários, ofertas de viagens apresentadas como gratuitas ofertas ou de equipamentos maravilhosos, que você vai passar a vida pagando. São tantos os chamarizes que devoram nossas forças físicas, financeiras e psíquicas!

Desde a manhã até a noite e desde a noite até a manhã, estamos procurando, fora de nós mesmos, a saída para o vazio que nos devora. Existe uma conspiração universal contra o silêncio, o repouso, a interioridade. Ora, é justa e unicamente na dimensão interior, na contemplação das estrelas que não são cadentes, que se pode construir a personalidade.

> Ora, em que pensa o mundo? [...] em dançar, em tocar alaúde, em cantar [...] em bater-se, em tornar-se rei, sem pensar o que é ser rei, e o que é ser homem.[3]

É assim que todos nós, uns mais, outros menos, entramos na mesma dança. Ah, não deixa de ser agradável: a excitação da libido superficial afaga os sentidos de maneira muito carinhosa. Mas o prazer, em todos os seus domínios – o prazer dos sentidos, o prazer do coração, o prazer do espírito – é sempre passageiro. Uma vez sentido, ele desaparece. É por isso que ele exige uma renovação contínua. Uma vez entregues a essa roda de agitação contínua, cumulativa, repetitiva, sempre haverá alguma coisa que não nos satisfaça, que grite incessantemente: mais, mais, eu quero mais ainda!

---

[3] *Fragmento* 146, p. 77.

Já expus os três tipos de libido: a concupiscência dos sentidos, a concupiscência do saber e a concupiscência do poder. Cada um abre uma diferente perspectiva de fuga. Passo, agora, a precisar como eu mesma fui seduzida ao longo de minha existência.

A moda, antes de tudo, e os cuidados para ser notada e para seduzir ocuparam meus vinte anos. Então era costume o uso do chapéu. Foi preciso que usasse toda a força de minha argumentação para conseguir de minha mãe o caríssimo chapéu Lindbergh. O célebre piloto havia acabado de atravessar o Atlântico e os modistas haviam lançado, para as mulheres, um modelo de chapéu de feltro. Na verdade, era perfeitamente ridículo, mas me parecia a coisa mais chique. Por um instante, se bem que muito fugaz, tornou-se meu objeto de ostentação. Muito excêntrico, foi logo substituído por outro modelo. Como todas as pessoas, procurava na moda uma valorização que, naquelas circunstâncias, não me parecia falaciosa. A maturação de nosso relacionamento com a própria imagem parece que demanda longos anos. Chega então o tempo em que aprendemos a atribuir a devida importância à função social da moda, sem, por isso, identificar-se com ela e lhe atribuir demasiada importância. Por outro lado, quantas vezes tive de aconselhar as amigas para que cuidassem de ser mais elegantes.

Ah! Os sonhos da juventude! Eis que estou em Londres *to speak English*, junto com minha prima religiosa. As irmãs de Nossa Senhora de Sião, responsáveis por uma escola no bairro pobre de Halloway, procuravam ajudar aí os filhos da pobreza. Essa proposta apaixonou-me e decidi juntar-me a essa congregação. Mas, de volta a Bruxelas, fui novamente empolgada pelo divertimento. Teatro, cinema, danceterias, salão de beleza, passeios a Paris, tudo isso me atraía irresistivelmente. Minha idéia era abafar o chamamento que havia ouvido. Em meu interior, minha razão dizia que lá é que estava o sentido de minha vida, mas a vontade de me divertir clamava mais alto:

Guerra intestina do homem entre a razão e as paixões. Se só tivesse a razão sem as paixões... Se só tivesse as paixões... Mas, tendo ambas, não pode ficar sem guerra. Não podendo estar em paz com uma, senão entrando em guerra com a outra; assim está sempre dividido e contrário a si mesmo.[4]

Aqueles que já experimentaram essa situação sabem como é: não se trata mais de um mal-estar próprio da juventude, mas de uma fissura provocada por uma divisão interna. Na incapacidade de fazer uma escolha, a pessoa se angustia sem resultado. De minha parte, vivendo ainda a ebulição da juventude, sentia constantemente a necessidade de encontrar fora de mim algo que me fizesse esquecer a perturbação interior. Não sabia o que era a paz e era infeliz. Deixava-me levar por meus impulsos adolescentes. Bem depressa eles não eram mais suficientes. Queria desfrutar prazeres cada vez mais intensos, de preferência desconhecidos. Em um entardecer, caminhava sozinha por uma rua deserta. Estava à procura de um homem. Deus me protegeu, dessa vez como em outras, graças, penso eu, ao rosário desfiado por minha mãe na intenção de seus filhos. Alguém, depois de se ter achegado a mim, foi embora sem insistir. O desgosto de mim mesma crescia e a incapacidade que sentia de me controlar me apavorava. Já estava chegando ao fundo da miséria humana, perdia meu ser interior, procurando mais e mais prazeres! Na verdade, estava procurando, com toda aquela agitação, encontrar o repouso![5]

---

[4] *Fragmento* 412, p. 134.
[5] *Fragmento* 139-136, p. 89.

As sereias do divertimento

Depois do divertimento dos sentidos, a moda e o prazer, surge, como efeito, a fuga do ativismo. Que pode haver de mais contrário ao conceito de "repouso", assim como expresso por Pascal, do que a agitação? O turbilhão de projetos e de planos cria a falsa ilusão de que isso é vida. Quando estive entre os catadores de lixo do Cairo, eu me propus fazer tantas coisas que não tinha mais tempo para rezar. O velho Adli chamou minha atenção. Conscientizei-me de que o que estava querendo era resolver todos os meus problemas. Lembrei-me, então, da admoestação de minha superiora em Istambul, madre Elvira: "Não se deixe enganar pelo ativismo!" Acontece que sou muito propensa a me entregar ao ativismo. Sou apaixonada pela ação em si mesma. Agir é existir. É extrapolar os limites e encher o nada, anestesiar-se, evitar as confrontações do dia-a-dia. A amplitude e a intensidade da ação produzem um sentimento de poder, a impressão de se possuir, como as estátuas hindus, uma porção de braços para combater. Acreditamos que estamos possuídos pelo poder de resolver tudo e responder a todos os apelos, sentimo-nos criador da vida, capazes de soerguer os outros e derrotar a morte! Queria transformar o planeta, como um Deus que reforma o mundo. Mas tudo não passava de uma enganação, pois logo em seguida encontrei-me diante do desencantamento. De repente, percebemos que o somatório das ações jamais conseguirá suprimir a miséria do mundo, que elas não atingem a não ser uma parte ínfima da humanidade. Esse desencantamento pode até ser amargo, mas é necessário. Ele reconduz à verdade. Agir é bom e necessário, mas também é bom dar-se conta dos limites da ação e aceitar a condição humana, e pronto. Quebra-se, então, o círculo infernal do perfeccionismo, o ciclo da busca de resultados, o ciclo da eficiência. E então chega a ação equilibrada, serena, que renunciou o perfeccionismo do ideal. Para expressar esse ponto de equilíbrio, transformei em oração uma máxima de Marco Aurélio:

> Senhor, dai-me a serenidade para aceitar aquilo que não posso fazer, força para realizar aquilo que posso fazer, sabedoria para discernir entre ambos.

Levando mais avante essa reflexão, vejo uma terceira forma de divertimento no que se refere ao incoercível apetite de conhecimentos, essa fome intelectual que se apossou de mim durante tantos anos. Sem perceber, procurava esquecer: esquecer minha intranquilidade, minha impotência para reconciliar fé e razão. À força de tanto exaltar o conhecimento, inconscientemente se chega a esquecer os verdadeiros problemas que atulham nossas existências. É que, para os problemas essenciais do bem e do mal, da vida e da morte, não existem respostas intelectuais definitivas. O vazio de que o divertimento intelectual procura fugir é essa impotência ontológica, radical, de responder aos questionamentos. É impossível para o homem compreender por que ele existe sobre a terra, por que sofre, por que vive para um dia desaparecer, inexoravelmente. Então ele procura se enganar: à medida que vai construindo os edifícios do conhecimento, seja o da ciência ou o da filosofia, cria um mundo que apazigua a angústia e faz acreditar que um dia encontrará a Verdade. E é nesses mundos fora do mundo que o homem mergulha, chafurda-se. Enganosa por sua essência, essa construção intelectual apresenta-se consoladora. Pode-se, por toda uma vida, contentar-se com ela. É que permanece o medo de abrir os olhos para a realidade, insondável e esmagadora. Como eternas crianças, preferimos esse mundo moldado por nossa imaginação.

Eis nosso estado verdadeiro, que nos torna incapazes de saber com segurança e de ignorar totalmente. Nadamos em um meio termo vasto, sempre incertos e flutuantes, empurrados de um lado para o outro. Qualquer objeto a que pensemos apegar-nos e consolidar-nos abandona-nos e, se o perseguimos, foge à perseguição. Escorrega-nos entre as mãos em uma eterna fuga. [...]
Não procuremos, pois, segurança e firmeza. Nossa razão é sempre iludida pela inconstância das aparências e nada pode fixar o finito entre os dois infinitos que o cercam e dele se afastam.[6]

Enfim, última fuga do nada é pensar "em se fazer rei". Que remédio mais eficaz contra o nada do que as posses, a dominação, o poder? Cada um cria seu pequeno reino para aí ser o mestre. Todos nós sentimos a necessidade de dominar, de ser mestre de qualquer coisa. Desde o professor até a cozinheira, do músico ao demagogo, em todos nós repousa um tirano. Já falei sobre a euforia do professor bajulado, desencaminhado – e como! – pelo culto que lhe é prestado. Todas as coisas boas podem transformar-se em instrumento da tomada do poder: tanto pode ser a ciência e o conhecimento, como, para certas mulheres, a beleza. A história está repleta de exemplos, desde Cleópatra, que seduziu César para conservar seu trono, e conseguiu até mesmo, durante um lapso de tempo, sujeitá-lo a si mesma. Todos esses homens tão poderosos são, às vezes, fantoches nas mãos de uma mulher. Para outros, é a bondade que se perverte e se torna servidora do poder. Quantas mães de família querem sinceramente assegurar a felicidade a seu redor, mas usam também de certa capacidade feminina para a generosidade e do devotamento para dirigir o barco da família e dominá-la.

[6] *Fragmento 72, p. 54.*

Quanto a mim, minha atividade humanitária, em certa medida, não serviu para que exercesse minha sede de poder? Com efeito, a atividade humanitária oferece um terreno privilegiado e extremamente valorizado para se investir esse instinto primário que jamais poderá ser arrancado do coração dos homens. O serviço aos outros me permitiu manipular milhões, ter encontros com os grandes deste mundo, percorrer o planeta, enfim, fez-me ter o sentimento estonteante da amplitude e do poder de minha atividade. Felizmente, o pertencer a uma comunidade serviu-me sempre de comedimento. Ao voltar para minhas irmãs, tornava-me novamente apenas uma entre as outras. Muitas vezes vou até o pequeno cemitério de Callian. Visito os túmulos de minhas irmãs. Vejo ali meu lugar já preparado, e eis-me de volta à igualdade essencial entre os humanos.

Uma outra coisa a mais me salvou. Se sou facilmente tentada a querer comandar os outros, com o dedo em riste, de me colocar adiante, de conquistar, custe o que custar, meus objetivos, tenho também em mim um agudo senso de justiça. Diante de toda a volúpia de domínio, qualquer coisa em mim se revolta. A verdade nivela. Não existe rei e pobres súditos, todos são iguais. Mas, igualdade ainda não significa justiça. Por justiça, prefiro o pobre ao rei, para compensar a falta de atenção que aquele sofre.

Ao final desse itinerário de releitura de minha existência, o que fazer senão reconhecer que o divertimento assume formas cada vez mais novas e mais insidiosas, até assumir a aparência de ser o sumo bem? Tão logo eu, ingenuamente, acreditava ter triunfado de tal ou tal forma de divertimento, surgia outra, e de maneira outro tanto sutil. Nestes últimos anos de minha vida, está acontecendo qualquer coisa de terrível: estou transformando-me em uma pessoa aficionada pela mídia. Nas pesquisas de popularidade que se realizam na França, estou emparelhada com Johnny Hollyday! Como sempre, as sereias da fama e do arrebatamento da exterioridade começam a cantar em meus ouvidos sua melodia tentadora. Mas, próxima da morte e consciente de minhas provações passadas, agora sei que tudo isso é apenas vaidade. Vazio e vaidade. E todas essas sucessivas tentativas de fuga, por sua vez, desapareceram, como se esvaem todos os prazeres, uma vez "consumados". Como já escrevi, não serão essas frivolidades que levarei para o túmulo. Quando me apresentar diante do Senhor, o Justo, ele não me perguntará qual era minha posição nas tabelas das pesquisas!

A indeterminação benéfica

Todo o mundo já sabe que sou incorrigivelmente positiva. Tenho comigo dois critérios permanentes de verificação de minha fraqueza, de minha agitação, de minha falta de interioridade.

O primeiro é o de saber que sou irmã de toda a humanidade. Essa tentativa de preencher o vazio interior com a vaidade exterior existe em todos nós. E dela jamais escaparemos totalmente aqui em baixo. Meu temperamento de pessoa brincalhona levou-me, e quanto, a compreender todos aqueles que, embora reconhecendo sua fraqueza, não conseguiram superá-la. Sentir profundamente sua própria miséria leva a pessoa a sofrer junto com os outros a miséria de cada um. Penso em certo sujeito que desfez seu casamento por causa de aventuras sexuais acumuladas, apesar de saber que sua mulher e seus filhos eram seu tesouro mais querido. Ele me falava: "Sei que fui um louco. Perdi tudo por causa dessas mulheres, mas é como uma doença em meu sangue, não posso me livrar delas". Penso naquele outro que, também ele, foi golpeado pelo divórcio que sua mulher acabou por pedir. Nunca ele estava presente, nem para ela nem para seus filhos: executivo, seu trabalho e o zelo pela ascensão profissional absorveram-no completamente.

Finalmente, malgrado minha idade, agora compreendo meus contemporâneos. Em *L'homme sans gravité*, o psicanalista Charles Melman descreve o nascimento de uma nova economia psíquica, que podemos já presenciar em nossos dias. O antigo motor, o desejo, de acordo com ele, cedeu seu lugar ao prazer: "Não é possível abrir uma revista, admirar personagens ou heróis de nossa sociedade sem que eles estejam marcados pela situação específica de uma demonstração do prazer. [...] É preciso exibir suas entranhas, o interior de suas entranhas e até o interior do interior".[7] Encontramos aqui um extremo, que poderia ser uma das causas diretas da insatisfação básica que aflige nossa geração. Buscar o prazer sem limites significa também sofrer as limitações do prazer. Quanto mais ele tiver satisfeito os sentidos e a imaginação, mais ele deixará o gosto amargo de tudo aquilo que excita, para logo em seguida desaparecer. Ele deixa após si uma frustração, um vazio que jamais poderá ser preenchido.

Em segundo lugar, ouso afirmar que a própria experiência dessa contradição, dessa indeterminação é algo benéfico. Todas as vezes que me conscientizava da vaidade de meus empreendimentos, sentia que estava sendo descascada, como que em camadas sucessivas de escamas. São essas experiências os marcos que delimitam a linha de nossa existência, permitindo que possamos

---

[7] MELMAN, Charles. *L'homme sans gravité*. Denoël, 2002, citado em *La Croix*, de 5 de dezembro de 2002.

descobrir sua nudez. Mais cedo ou mais tarde chega o dia em que nos vemos assim como é na verdade.

Ao contrário do que nos é apresentado por um tipo de piedade ignorante, que transforma os santos em heróis invencíveis, esses homens e essas mulheres conheceram momentos em que viram o mundo desabar, mas que foram também momentos de reconstrução. Tomemos o exemplo de Inácio de Loyola. Jovem fidalgo, filho mais novo de uma família de cavaleiros, estava a serviço de um nobre senhor de Pamplona, quando foi ferido, atingido na perna por um tiro de catapulta. Gravemente ferido, ficou deficiente para o resto da vida. Foi o fim da carreira militar, o fim de tantos sonhos de conquistas e de honrarias! Aniquilado no corpo e no espírito, tudo lhe parecia perdido. Os longos meses de imobilidade, durante sua convalescença, obrigaram-no a dedicar-se à leitura e à meditação, até chegar o dia em que a passagem do Evangelho que estava lendo pareceu que lhe era dirigida. Transformou-se, então, em um *miles Christi*, um soldado de Cristo, arrastando após si, séculos afora, uma armada de companheiros, os jesuítas.

Dentre as pessoas que conheci, muitas servem de exemplo para esse fenômeno que se apresenta a meu espírito. Particularmente Cecília, que era professora de história. A esperança que lhe era mais cara era a de fundar uma família. Tudo lhe sorria. Procurava ser muito agradável com os outros, para encontrar, um dia, o eleito de seu coração. Para ela a vida transcorria cor de rosa. Certo dia, um mal benigno levou-a ao consultório médico. Foi então que recebeu o maior choque de sua vida: o médico a fez saber que era irremediavelmente estéril. Jamais poderia ser mãe. Tudo desmoronou. Sua vida não tinha mais sentido, e ela mergulhou no desespero. Não tinha mais gosto para nada, o vazio era total. Por acaso, caiu-lhe nas mãos um artigo que falava sobre o drama dos meninos abandonados nos orfanatos de um país da Ásia. As crianças que gozavam de boa saúde eram facilmente adotadas. As outras, que apresentassem qualquer deficiência, ficavam ali abandonadas. Segundo choque de sua vida. Ela se sentiu irresistivelmente chamada, escreveu para o jornalista, inscreveu-se e, depois de pouco tempo, eis que já era mãe adotiva de uma, depois de duas, depois de cinco, depois de dez crianças abandonadas, originárias da França e dos quatro cantos do mundo. Fundou uma associação que lhe permitiu, durante anos, salvar centenas de vidas. Fiz-lhe uma visita. Em uma bela casa, construída no meio de um bosque, ela estava rodeada por uma vintena de crianças que naquele momento lá estavam albergadas. Fiquei maravilhada com a inteligência e com a alegria que a família irradiava. E disse: "Cecília, como você é feliz!" E ela disparou a rir. "Você é a primeira pessoa que me compreendeu. As outras têm dó de mim. Parece-lhes que carrego um peso, ao passo que essas crianças, prejudicadas pela vida, são minha felicidade". Juntas, nós duas, rimos para valer.

Em um e outro caso, a projeção imaginária da própria pessoa e do próprio sucesso se desfez. É de se desejar que todo o ser humano passe por esse processo de purificação, por mais doloroso que possa ser. Esvaziado de suas quimeras, despido de toda a fantasia e de toda a plumagem, seu coração despojado torna-se um imenso vazio. Agora está preparado o lugar para a verdade.

Vamos dizer isso de outra maneira. Vai chegar o dia em que será preciso escolher entre o prazer e a felicidade.

Capítulo IV

Libertação

Em meio às idas e vindas de meu curso de licenciatura, em 1961, tive a sorte de me encontrar com Pascal no programa da Sorbonne. Naquela época, estava mergulhada nas angústias da dúvida e na amargura de minha incompetência. Diante do muro contra o qual me debatia sem cessar, minha vontade era atravessá-lo, para encontrar a verdade, como se cava no deserto à procura de uma fonte preciosa. Na busca de uma orientação profunda, não me contentava mais, dessa vez, com alguns *Pensamentos* colhidos aqui e ali, mas me entreguei a um estudo bem mais aprofundado. Foi nessa fase decisiva que Pascal se tornou o farol que devia iluminar meu espírito e preencher meu coração.

Um Deus diferente dos outros

Primeira descoberta: o Deus de Pascal não é o Deus cósmico, que tem como símbolo de seu poder o reboar do trovão. Ele não é o Deus que o homem descobre pelo esforço da inteligência.

Faz-se um ídolo da própria verdade.[1]

---

[1] *Fragmento* 582, p. 181.

Deus não é fruto de manipulações humanas. Ele não se revela no final das investigações do homem, como um astro que brilha na lente de um telescópio ou uma descoberta científica no final de um processo experimental.

> As provas metafísicas de Deus acham-se tão afastadas do raciocínio dos homens [...] que pesam pouco.[2]

E, por isso, não procurarei provar aqui, por meio de razões naturais, ou a existência de Deus, ou a Trindade, ou a imortalidade da alma, nem qualquer coisa dessa natureza.[3]

Fiquei aturdida. Há tanto tempo me desesperava para encontrar provas irrefutáveis da existência de Deus, e eis que Pascal zombava dessa ambição ilusória da racionalidade nesse domínio. Deus, com efeito, é irredutível à razão raciocinante. Pascal não se cansa de repetir: Deus é um Deus escondido.

> *Vere tu es Deus absconditus.* Tu és realmente um Deus escondido (Is 45,15).[4]

E, por acaso, não é essa a experiência que fazemos todos os dias? Deus está ausente deste mundo que vai mal, deste mundo violento e injusto. Mas, apesar disso, existe uma presença de Deus no mundo, presença que não se apresenta como intervenção. Essa presença se dá no coração do homem, de sua consciência e de sua vontade, de seu inconsciente e de sua alma, para encaminhá-lo para o bem, quer ele saiba ou não. Deus confiou o mundo à

---

[2] *Fragmento* 543, p. 165.
[3] *Fragmento* 585, p. 181.
[4] *Fragmento* 585-242, p. 214.

responsabilidade do homem, criado a sua imagem e semelhança. Assim também Deus não age no mundo a não ser por meio do homem. Portanto, nós não somos autômatos. Nós somos livres, ou melhor, possuímos os germes da liberdade. Que Deus seja um Deus escondido é a própria condição de nossa liberdade: se algum deus se impusesse a nós, que seria de nosso livre-arbítrio? E nem mesmo haveria a necessidade de se acreditar, uma vez que esse deus seria evidente. A fé é um ato livre.

Pascal zomba daqueles que procuram um "Deus que deve ser descoberto", uma vez que

> a Escritura, que conhece melhor as coisas que são de Deus, [...] diz, ao contrário, que Deus é um Deus oculto.[5]

Qual é, então, a experiência fundamental pela qual passam todas as personagens da Sagrada Escritura? É a renúncia aos falsos deuses, aos deuses fabricados pelas mãos dos homens. A idolatria, a adoração de falsos deuses, pode ser encontrada em todos os tempos e lugares do planeta. O homem cria para si deuses, seus ídolos. Ele transforma o Poder e a Força para os adorar: a força dos elementos naturais, a força dos elementos cósmicos, a força da fecundidade, a força do poder e da riqueza, tudo aquilo que não é muito visível, mas que domina o mundo. É nossa perpétua tentação. Assim como nós, Moisés, Abraão e Jesus, em sua caminhada humana, tiveram também de superá-la. Quanto a Abraão, Deus o fez deixar seu país e a casa de seu pai, com os ídolos que lhe eram próprios (Gn 12,1-3). Quanto a Moisés, Deus lhe deu este mandamento: "Tu não terás outros deuses diante de mim. Não farás para ti imagem de escultura, nem semelhança alguma do

---

[5] *Fragmento* 242, p. 101.

que há em cima, nos céus, nem embaixo, na terra, nem nas águas debaixo da terra. Não te inclinarás diante desses deuses e não os servirás" (Êx 20,3-4). A Jesus, o tentador propôs todos os reinos da terra, com a condição de que ele se prosternasse diante dele: "Eu te darei todo este poder com a glória desses reinos, porque ela me foi entregue e eu a dou a quem eu quiser. Por isso, se te prostrares diante de mim, toda ela será tua". Replicou-lhe Jesus: "Adorarás ao Senhor teu Deus, e só a ele prestarás culto" (Lc 4,6-8). A Bíblia é um livro que combate todos os bezerros de ouro.

> Os ídolos das nações são prata e ouro,
> obras de mãos humanas:
> têm boca, mas não falam;
> têm olhos, mas não vêem;
> têm ouvidos, mas não ouvem;
> não há um sopro de vento em sua boca.
> Os que os fazem ficam como eles,
> todos aqueles que neles confiam (Sl 135).

Um Deus perceptível ao coração

Abandonar todos os ídolos e crer no Deus Uno, isto significa renunciar à experiência sensível da divindade, aderir a um Deus escondido. E assim se chega a provar o fruto dessa renúncia: uma revelação totalmente diferente.

> É o coração que sente Deus, e não a razão. Eis o que é ter fé: Deus sensível ao coração, não à razão.[6]

---

[6] *Fragmento* 278, p. 107.

Demorei muito tempo na consideração da palavra "coração", cuja interpretação está sujeita a discussões. Essa controvérsia é muito interessante, mas está fora de meu propósito. Prefiro seguir a posição de um especialista em Pascal, Jean Ménard. Em *Le Climat des "Pensées"*, ele define o que é o coração para Pascal. Não está nem na razão pura, nem na afetividade. O coração é o centro do ser humano, o ponto de encontro da carne com a razão, da sensibilidade com a vontade. É o motor da atividade, tudo aquilo que faz da pessoa humana, em seu eu mais íntimo, um ser único, tecido de um complexo entrelaçado.

Cabe dentro da noção de coração, tal como apresentada por Pascal, também a noção bergsoniana de intuição, como igualmente e, sobretudo, a metáfora bíblica. É comum, nas Sagradas Escrituras, pelas quais Pascal sempre mostrou vivo interesse, que o "coração" designe o lugar onde Deus fala ao homem e onde o homem fala a Deus, o lugar do pensamento e do grito, tanto de exultação como de desespero. É meu coração que, ao rezar os Salmos, dirige-se a Deus "Meu coração diz a teu respeito: 'Procura sua face!' É tua face, Iahweh, que eu procuro" (Sl 27,8). É meu coração que toma a decisão importante e refletida maduramente. Finalmente, o termo "entranhas" poderia evocar o mesmo sentido, se não ficarmos presos a sua conotação vulgar.

Estamos aqui com a palavra-chave da retórica de Pascal. É ao coração, o ponto mais abissal da pessoa, que ele se apega. É nele que Pascal enxerga o traço indelével da pegada de Deus. Um pensamento que já me era familiar assumiu agora uma nova significação:

O coração tem sua razões, que a razão não conhece.[7]

---

[7] *Fragmento* 277, p. 107.

De fato, não é a fria razão que muitas vezes nos inspira, mas uma vibração que, por sua vez, precede e excede o espírito. Aos poucos ia construindo a noção capital da formação do entendimento na percepção. Nossas idéias surgem em um processo que parte mais de nossas entranhas do que da dialética, para se transformar em atos e convicções que ultrapassam o entendimento. É daí que provêm tanto os atos mais bárbaros como os sentimentos mais nobres, todos eles pretendendo a verdade. É aqui também que se enlaçam igualmente todos os atos: nós agimos desde a manhã até a noite e desde a noite até a manhã com a ingênua certeza de que somos guiados pela razão, ao passo que é um movimento mais profundo que cristaliza toda a nossa vivência. É por isso que é necessário escutar quem nos contradiz: suas razões trazem em si razões que estão enraizadas em seu passado, em sua cultura, em seu relacionamento com o mundo, e que, por isso, esclarecem a mim também sobre meu julgamento. Se não for assim, nós cairemos em um círculo que nós mesmos criamos quando bloqueamos tudo aquilo que contraria nossas próprias convicções, pensamentos e experiências. Passamos, então, nossa existência, reclusos em um círculo vicioso: no relacionamento de si para consigo mesmo, nossa razão refletindo unicamente sobre sua própria experiência e reciprocamente, como Narciso, sobre sua imagem. Aqueles que sabem assimilar a parcela da verdade dos outros, sobretudo quando ela lhes é *contrária*, são os que conseguem sair desse círculo infernal do ego.

Voltando ao problema que me afligia, entrevi, por fim, uma saída. Esse frêmito que dava vida aos acontecimentos do concreto do cotidiano, essa adesão entranhada à existência de Deus que, malgrado tudo, sempre persistiu dentro de mim, isso precisava de uma demonstração racional? Procurava febrilmente uma resposta. Ela chegava, enfim, e me deslumbrava. Agora não compreendia apenas o que Pascal queria dizer, entregava-me àquele impulso interior que me dirigia para o "Deus sensível ao coração, não à razão".[8]

Foi uma libertação, fachos de um farol iluminando minha noite. Era o suficiente para aplacar minha sede do absoluto, era o bastante para ir em direção a Deus, como ia em direção aos homens simplesmente confiando, sem buscar provas racionais.

Como ilustrar essa experiência? Nunca havia provado sensivelmente a existência de Deus, mas meu coração viveu essa experiência em uma noite de inverno, em um bairro pobre do Cairo. Trancada em meu casebre, tentei rezar. Volta e meia, uma canção monótona chegava até meus ouvidos. Uma voz cantava, parava, recomeçava. Por pura curiosidade, abri a porta e vi minha vizinha Fauzeya assentada junto a uma fogueira, na entrada de seu casebre. Suas feições de mulher sofrida resplandeciam. Khayri, seu marido, sabia ler um pouco. Ao clarão das chamas, soletrava, um a um, versículos do Evangelho, que eram cantados por sua mulher. Ela estava com os olhos fixos em seu filho Guirguis, que, apesar de mal alimentado, fazia seus deveres. Ela e eu havíamos obtido do pai que o menino pudesse freqüentar a escola. Que brilho e que alegria nesse olhar, que triunfo! Ela estava segura de que aquele Cristo, de quem estava cantando a mensagem de amor, havia ajudado a salvar seu filho. Ela, que jamais havia estudado, nem filosofia nem teologia, nem as religiões, como eu o havia feito, ela se sentia amada, cheia de confiança, tinha segurança. Reentrando em meu casebre, rezei assim: "Senhor, dai-me um coração como o coração de Fauzeya!"

---

[8] *Fragmento* 278, p. 107.

A fé é uma aposta razoável

É, mas, como o cérebro se recusa a ceder! Minha razão, lancinante, continuava a gritar: como aceitar a fé? Eu não havia tido uma noite como a de 23 de novembro, aquela noite de fogo, na qual Deus havia se apossado do coração de Pascal e sobre a qual, como vimos, ele escreveu um *Memorial* perpétuo. É terrível duvidar até de si mesmo, daquilo que nos é mais caro e mais íntimo! Naquele tempo, já compreendia muito bem porque Deus não podia ser alcançado pela razão. Mas daí até entrar no movimento da fé... Li e reli as páginas dos *Pensamentos*, intituladas "Infinito, Nada". De maneira particular, o que chamou minha atenção foi o seguinte:

> Se há um Deus, ele é infinitamente incompreensível, pois, não tendo partes nem limites, não tem nenhuma relação conosco. Somos, portanto, incapazes de conhecer não só o que ele é como também se existe. [...] "Deus existe ou não existe." Para que lado nos inclinaremos? A razão não o pode determinar: há um caos infinito que nos separa.
> [...] É preciso apostar [...] já estamos metidos nisso.[9]

Contrariamente à imagem que se tornou tradicional, focando a famosa "aposta" de Pascal, esta, na verdade, não consiste na consideração de perdas e ganhos, e muito menos em um raciocínio hipócrita, tipo: "Se Deus existe, tenho tudo a ganhar se apostar nele; se Deus não existe, não perco nada". *A aposta é algo interno à fé*. A aposta é a passagem, a conversão entre a fé racional que compreende que ela não pode compreender Deus e a fé racional que

---

[9] *Fragmento* 233, p. 95.

compreende que ela não pode nem mesmo determinar se ele existe ou não. A razão é impotente para adquirir e demonstrar essa certeza, inigualavelmente profunda, trazida pela experiência da fé.

>Deus de Abraão, Deus de Isaac, Deus de Jacó, não o Deus dos filósofos e dos sábios. Certeza, certeza.[10]

Portanto, a razão pode, e muito bem – e é isto que é afirmado por Pascal – descrever sua impotência, como também explicá-la. Então, ela explica a perda de sua soberania. A razão sabe que a experiência verdadeiramente humana ultrapassa seus limites e sua ordem. Falando de outro modo, crer não implica, de maneira alguma, "perder a razão" ou opor-se a ela. É próprio da razão dar-se conta de sua impotência. Também,

>não há nada tão conforme à razão como a retratação da razão.[11]

A fé está acima da razão, e não contra.[12] A aposta é uma aposta razoável, mas não é fruto da razão.

Um Deus de amor

O título das longas considerações "Infinito, Nada" atraiu-me tanto quanto seu conteúdo. Essas palavras ressoavam estranhamente dentro de mim, como se, misteriosamente, fossem a chave

---

[10] *Memorial*, p. 10.
[11] *Fragmento* 272, p. 106.
[12] *Fragmento* 265, p. 106.

do enigma que me perturbava. Desde minha longínqua infância, como eu havia comprovado a dura verdade dessa pequena palavra "nada"! Para aquela menininha, ela se tornou alguma coisa como seu pai. Nada, nada é permanente. Os olhos, as feições das pessoas amadas desaparecem para sempre. Penso que foi Voltaire que assim se expressou:

> Alguém chega, um grito ecoa, é a vida.
> Um grito, alguém sai, é a morte.
> Um dia de alegria, um dia de luto.
> Tudo se acabou, num piscar de olhos.

Somente o infinito pode preencher o coração. Somente o infinito pode responder a esse nada. Tudo bem, está decidido, aposto nesse Deus de Israel, o Deus de Jesus Cristo, o Deus Uno que deve ser amado. "Ouve, ó Israel: Iahweh nosso Deus é o único Iahweh! Portanto, amarás a Iahweh teu Deus com todo o teu coração" (Dt 6,4). Eu apostei nesse

> Deus de amor e consolação, [...] que enche a alma e o coração.[13]

Reconduzida, finalmente, à infância, a minha experiência fundamental da morte e da fragilidade; finalmente, reconduzida à infância, à ausência de bens e de força; finalmente, reduzida à infância, à rendição da razão impotente, pude escancarar meu coração sedento, para aí deixar entrar o infinito. E esse infinito não tem relação alguma com as imensas perspectivas do espírito. Esse infinito pertence à ordem do amor. Deus não é somente um

---

[13] *Fragmento* 556, p.174.

Deus escondido, ele é também um Deus de amor. Que consolação! Com a aposta de Pascal, fui trazida de volta a mim mesma, a minha identidade. Rejuvenesci. Reencontrei meu coração de criança, simples como uma fonte.

A sabedoria envia-nos à infância: *Nisi efficiamini sicut parvuli*.[14]

Em verdade vos digo que, se não mudardes e não vos tornardes como as crianças, de modo algum entrareis no Reino dos Céus (Mt 18,3).

Foi com essa disposição espiritual que, aos sessenta e dois anos de idade, em um belo dia de outono, parti para um bairro pobre, para abraçar a mesma condição de homens, mulheres e crianças excluídos, espoliados de qualquer vantagem material ou espiritual. Viver sua vida era viver com sua pobreza. Naquele dia, distribuí meus livros e queimei meus cadernos de anotações. Aqueles livros que me haviam sido tão queridos e aqueles cadernos que um dia me pareceram tão preciosos; havia lhe consagrado tanto trabalho e por meio deles havia acumulado tanto saber! Todos esses bens, agora, não me eram de nenhuma utilidade. Olhei as chamas dançantes, não a chama de um holocausto, mas a chama da libertação. Anda, Emmanuelle, vai, vai com as mãos vazias, ao encontro de um povo espoliado.

Queria viver o espírito da infância, com o olhar simples e transparente que não se volta para si mesmo. A metáfora da infância significa um estado, não uma idade, de quem não conhece a libido, de quem não está inconscientemente desejoso de mergulhar na diversão, de se aproveitar do outro, mas que se oferece

---

[14] *Fragmento* 271, p. 106.

ingenuamente, com confiança. Esse estado não depende de anos breves ou longos, muitos ou poucos. Ele se manifesta naquele ou naquela que passa pela experiência da fraqueza, da impotência, radicais e inerentes à natureza humana. Vaidade e nada são os bens materiais. Eles me haviam iludido. Vaidade também as aquisições da razão raciocinante! Elas alimentaram meu amor próprio.

Finalmente ia viver o espírito da infância para escapar da dúvida e da fuga, para preencher o vazio que havia tomado conta de mim. Reconsidero doce e serenamente as etapas passadas de minha caminhada. Verifico que as pinças do vácuo que me sufocava afrouxavam-se a cada vez que minha vida assumia o sentido de serviço e de partilha. Quando de minha entrada no noviciado, procurava o absoluto. No momento em que troquei minhas vestes elegantes pelo longo hábito preto, pela touca e véu negros, presos por uma fita (o cúmulo do ridículo para uma moça coquete), eu me sentia invadida por um incrível sentimento de liberdade. O mais extraordinário dessa história é que, se os estímulos da carne não desapareceram, agora perderam seu predomínio. Não me dominam, como também jamais me dominaram. Como é possível que, continuando a ser a mesma criatura ávida por prazeres, nunca algum deles me dominou? Como contraprova, meus anos de magistério foram repletos da satisfação intelectual, que é exatamente o oposto do espírito da infância. Inconscientemente, voltava-me sobre mim mesma, e disso só me restava amargura. Mas minha experiência fundamental de libertação foi minha partida para o bairro pobre. Hoje vejo se despedaçar e desaparecer no fogo essa escrita arrogante de tudo guardar e possuir. Essa escrita, que cobria páginas e páginas de minhas anotações, bem que demonstrava meu complexo de superioridade. Será que ele desaparecerá para sempre na fornalha? Os ídolos são terrivelmente resistentes! As deusas Razão, Ciência, Aparência, Força e Matéria renascem de suas cinzas em um culto rapidamente redivivo.

Permaneça vigilante, irmã Emmanuelle, vigie seu coração. Você se entregou ao despojamento da pobreza, longe dos comprazimentos ilusórios de seu ego. Não se esqueça disso, pois é tão fácil perder a memória! Nada mais fraco do que a recordação. Todos esses momentos de libertação são como um perfume. Precioso, mas frágil, ele se evapora tão logo se faz sentir. Felizes os que, sem esmorecer, *tornam-se* crianças! Libertam-se e se entregam ao infinito do amor.

Terceiro movimento

O CORAÇÃO E A UNIDADE

Capítulo V

O movimento do amor

É aqui que culmina o pensamento de Pascal e, para mim, toda a aventura humana: na terceira ordem, a ordem infinita do amor. Com efeito,

> todos os corpos juntos, e todos os espíritos juntos, e todas as suas produções, não valem o menor movimento da caridade; de fato, ela é de uma ordem infinitamente mais elevada.[1]

Vamos prestar um pouco de atenção para a força do estilo. A palavra "todos", repetida três vezes, reforçada pelo coletivo "juntos", repetido duas vezes, coloca diante de nossos olhos a dimensão das coisas da matéria e das coisas do espírito, o vasto campo de influência de ambas. É esse um lado da balança. O outro: "o menor movimento da caridade". Pois bem – e quem poderia acreditar? – é este o lado que pesa mais! O gênio de Pascal, que se manifesta no jogo dos contrários opostos, encontra aqui uma expressão excitante. Mas a beleza do falar e seu vigor não nos devem obcecar. O que é o amor em sua ordem, para estar infinitamente acima de tudo?

O que o amor não é

Agora, creio eu, preciso dizer o que o amor não é. O amor, do qual estou falando, a caridade não leva consigo nenhuma co-

---

[1] *Fragmento* 793, p. 245.

notação erótico-afetiva. "Eu te amo, *I love you*"... é uma expressão vulgar, murmurada, sussurrada, cantada em todos os tons e em todas as línguas, com mais ou menos convicção e sinceridade! Na verdade, esse sentimento multiplica os batimentos cardíacos e nos faz vibrar. Mas ele se posiciona, no mais das vezes, na primeira ordem, a ordem da matéria, na pulsão do sentir, do usufruir, ou mesmo do dominar. E como é esse um sentimento poderoso, principalmente quando se trata da atração universal do homem pela mulher, e vice-versa. Entendo alguma coisa disso. Um dia – era ainda jovem religiosa, tinha uns trinta anos – a paixão por certo professor tomou conta de meu corpo e de minha alma. Cresceu em mim sem que percebesse, até o dia em que explodiu. Posteriormente, inúmeras foram as confidências que escutei sobre esse assunto abrasador: "Meus pés me levam até ele sem que eu o queira!", dizia-me, certa vez, uma bela e jovem mulher.

> Quem quiser conhecer por completo a vaidade do homem não tem senão que considerar as causas e os efeitos do amor. A causa é *um não sei quê* (Corneille) e os efeitos são espantosos. Esse *não sei quê*, tão pouca coisa que não se pode conhecê-lo, revolve toda a terra, os príncipes, os exércitos, o mundo inteiro. Se o nariz de Cleópatra tivesse sido mais curto, toda a face da terra teria mudado.[2]

Quanto a meu professor, seu nariz nada tinha de peculiar. Vamos dizer que era um belo homem e, sobretudo, de uma inteligência superior. Nunca ele soube de minhas emoções, nada aconteceu entre nós, mas a marca dessa chama de um momento ficou tão fortemente impressa em mim que, quando recebi uma

---

[2] *Fragmento* 162, p. 79.

carta, por ocasião de minhas bodas de ouro de vida religiosa – eu já tinha setenta anos! –, reconheci imediatamente sua bela caligrafia e... meu pobre coração fez toc, toc. Li a carta e a joguei fora.

Não é em razão de sua força que esse tipo de relacionamento não se ampara na caridade. É porque todos os nossos amores, mesmo aqueles que parecem os mais gratuitos, são marcados por boa dose de possessividade. A afeição e o desejo por alguém trazem em si a vontade de possessão: "Eu te destruo, não faz diferença. Eu te quero, eu te devoro". Não se diz, quando se fala de uma relação sexual, que um possuiu o outro? Qual a relação amorosa que não conheceu, por pouco que seja, o ciúme? Quais as relações afetivas que não nos induziram, nem que seja por um momento apenas, a querer um em lugar do outro? Isso vale também para a afeição que une pais e filhos. Certos pais pretendem querer o bem do filho e, com isso, tornam-se tirânicos. Eles se imiscuem na vida de casal e como pais de seus filhos, agora já feitos adultos, tentam descartar o genro ou a nora, para se relacionarem exclusivamente com a "carne de sua carne". Como se o amor fosse uma questão de reprodução, de genealogia, uma questão carnal!

Mas é a vida do casal, sobretudo, que não é satisfatória. Às vezes, ela vai indo muito bem, mas, outras vezes, não. De fato, são diferentes os modos de amar do homem e da mulher. E cada um procura ser amado *a seu modo*, cada um aspira que o outro corresponda a suas próprias expectativas. E não saem do círculo do ego. Assim é que muitos amores não passam de movimentações de si para si.

Seria, então, a caridade, um movimento inverso? Deveria ela ser procurada no esquecimento de si mesmo, na negação de suas próprias expectativas, de seus desejos? Falar de sacrifício me faz rir. Quando se ama não há sacrifício, mas uma dilatação. O sacrifício ainda é puro egoísmo. Aquele ou aquela que se quer sacrificar está apenas construindo um ídolo de si mesmo, a estátua de seu heroísmo hipócrita, que os outros devem erguer no altar dedicado a sua própria glória.

Mas, então, poderá o amor ser completamente separado da afeição e do prazer? Certamente que não. Pode com eles ser confundido? Também não. Com Pascal, ainda e sempre, é preciso que distingamos sem excluir. Com ele, reafirmamos que não se deve desprezar nem supervalorizar as ordens da matéria e do espírito, da carne e do pensamento. Que cada um, com ele,

> [...] aprenda a avaliar em seu valor exato a terra, os reinos, as cidades e si próprio.[3]

Com ele, lembremo-nos de que

> o pensamento faz a grandeza do homem.[4]

Somente se todas as coisas da matéria e do espírito, com todas as suas possibilidades, não forem usadas com sabedoria, ou se forem supervalorizadas, é que se tornam perigosas. Trata-se, aqui, de aplicar a elas o antigo provérbio: "Echo, ouk echomai", eu as possuo, mas não sou possuído por elas.

O amor é um movimento

O verdadeiro amor é o contrário de uma atitude de fuga, de um medo do que é carnal, medo do afetivo, do intelectual,

---

[3] *Fragmento 72*, p. 51.
[4] *Fragmento 346*, p. 123.

que seriam considerados como atrativos enganadores. É na justa consideração da riqueza da matéria e do espírito que a pessoa se capacita melhor para compreender a distância fantástica que os separa do "menor movimento da caridade".

> Os rios de Babilônia correm e caem, arrastam. Ó Santa Sion, onde tudo é estável e onde nada cai! É preciso sentar-se sobre os rios, não debaixo ou dentro, mas em cima [...] em segurança, estando em cima.[5]

A terceira ordem não é oposta às outras duas, ela as ultrapassa e as assume. Ela está acima, e não contra. O movimento do amor não nos arrasta nos turbilhões do mundo, não nos submete a seus imperativos. Ele não desce nunca, ele sobe e nos carrega para as esferas "infinitamente mais elevadas".

Todos nós já passamos pela experiência de viver momentos em que, com um suspiro de felicidade, exclamamos: "Não estou compreendendo nada!" E pode ter sido um acontecimento do cotidiano, cujas causas e conseqüências vão além de nosso entendimento. Pode ser também um momento excepcional, quando o céu parece se escancarar. Em todos os casos, sentimo-nos então arrebatados por um mundo desconhecido, misterioso, acima e livre das contingências habituais. Penso em Monod, o célebre prêmio Nobel. Ele havia desdobrado seu gênio durante uma conferência radiodifundida. O apresentador dirigiu-se à Madre Teresa, perguntando o que ela pensava sobre aquela brilhante explanação científica onde, naturalmente, Deus não estava presente. Ela respondeu simplesmente: "Eu creio no amor e na compaixão". Monod disse, mais tarde, que ele se sentira transtornado. Em seu

---

[5] *Fragmento* 459, p. 151.

íntimo mais profundo, de repente lhe pareceu que aquilo que parecia ser o máximo da ciência situava-se a anos-luz do amor e da compaixão. Para nós também, e não por um motivo de crença religiosa, cada uma das experiências verdadeiras do amor vem para relativizar todo o resto.

Depois de muitas tentativas, a caridade conseguiu encaixar-me em seu movimento. Foram duas as ocasiões especiais em que a reconheci. Estava ainda em Istambul. Era uma jovem religiosa. Estava, contudo, de tal maneira aniquilada por uma febre tifóide que me estava entregando à morte. Foi então que duas mulheres se debruçaram sobre meu leito: minha mãe biológica, vinda de Bruxelas, e minha mãe espiritual, a superiora encarregada da comunidade. Elas me inundaram com sua ternura e me insuflaram a força de lutar. Por três vezes as irmãs de Sião doaram-me sangue. O amor é que me conservava em vida.

Muito tempo depois, em uma tarde em que estava visitando um "isolamento" de Cartum, fundado por Madre Teresa, fui agarrada subitamente por alguém já às portas da morte. Em um último sobressalto, com o semblante desfigurado pelo ricto do último instante, ele se apoiou em meus braços. Esperava um último gesto de amor de minha parte, mas, confesso minha confusão, fiquei pregada no lugar, congelada pelo medo. Abriu-se, então, uma cortina, lá no fundo da sala. Apareceu o hábito azul de uma irmã. Trazia, em uma mão, um jarro de água, e na outra um copo. Inclinou-se sobre uma mulher que parecia inconsciente. O corpo da pobrezinha lá estava estendido, depois de haver sido trazido de uma lixeira, corroído já pelos vermes. Com um sorriso de infinita ternura, a religiosa umedeceu-lhe os lábios. Esse humilde movimento de amor fez a infeliz estremecer. Seu semblante dolorido se iluminou. Senti-me, então, infinitamente elevada acima da morte e acima de meu medo. Por minha vez, voltei-me para o homem que agonizava e lhe ofereci um sorriso caloroso. Ele também estremeceu, soltou-me e, sobre sua face moribunda, apareceu igualmente um sorriso. Foi um momento de eternidade.

Pelo contrário, foram muitíssimas as vezes em que tentei enganar-me! Quantas e quantas vezes batizei com belas e doces palavras de amor aquilo que era para mim apenas uma diversão, uma procura imaginária de mim mesma, um egocentrismo disfarçado. É verdade que consagrei minha vida a Deus e à infância sofredora. Mas, a maioria de meus esforços espirituais não era senão erupção da emotividade, como a maioria de meus atos de piedade era apenas busca de auto-satisfação! Tantos de meus empreendimentos não passavam de complementação de minha sede de atividade e de meu temperamento ativo. Tantos de meus atos de caridade eram apenas preocupação com meu próprio crescimento, cuidado com minha aparência. Busquei muito, com as obras espirituais e também com as de minhas mãos, tornar-me... um modelo. Ah, sim, como o ego se infiltra sutilmente, como um verme nas frutas, no íntimo de nossas mais sublimes aspirações!

Tive uma visão esclarecedora sobre mim mesma no dia em que fui ao encontro do Abbé Pierre pela primeira vez. Ele ainda estava em Clarenton. Eu o revejo, em seu quarto minúsculo, atulhado de papéis. Lugar ali havia só para duas cadeiras. Lá cheguei, maravilhada com o progresso do bairro. Graças à irmã Sara e a uma boa equipe de egípcios, havíamos conseguido acabar com o tétano e construir uma escola e um dispensário, bem como levar os pequenos catadores até às margens do canal de Suez. O Abbé Pierre escutava minha história triunfal em silêncio. Depois, olhou-me e disse simplesmente: "E os outros?" Na hora percebi que, entregue à euforia de meus sucessos, havia esquecido de todos aqueles que ainda estavam mergulhados na miséria. Era neles que eu devia concentrar minha atenção, e não sobre meu sucesso pessoal! Será que eu estava, unicamente, procurando o bem das crianças, ou então, no todo ou em parte, estava buscando o prazer de ser a cabeça de uma grande realização? Era uma questão sem sentido. Compreendi, com efeito, naquele instante, que é impossível separar o núcleo central do interesse próprio, do sopro do espírito de amor pelos outros.

Vamos mais ao fundo. Será que existe o ato puro, o dom 100% gratuito? A resposta é não. Nossa natureza procura seu próprio crescimento. Ela contém em si mesma o gosto pelo prazer e pelo poder, o gosto de ser acariciada, como também possui em si o impulso para a doação, para o serviço, para a compaixão. Tudo isso é inextricável; a meu ver, o ideal é trabalhar ao mesmo tempo para a própria felicidade e para a felicidade dos outros. Emmnuelle, não quebre a cabeça, procure esquecer-se mais, deixando de se incomodar, tanto com suas próprias contradições. Procure aceitar-se como pessoa humana, essa mistura de grandeza e de miséria. Aceite-se como você é, com tranqüilidade, procurando tirar proveito daquilo que de melhor encontrar tanto em seus defeitos como em suas qualidades. E vamos, para a frente com o serviço!

O amor, mistério da existência

O amor verdadeiro jamais poderá ser encontrado quimicamente puro neste ou naquele ato. Primeiramente, o amor é uma dimensão possível de nossos atos e de nossas existências. E que dimensão! É um componente da vida humana, que vai além dela, a partir de seu interior. E é isso que dá sentido à vida. Você está procurando um sentido para a vida? Procure, então, quem e como é possível amar. Amar é um impulso que nos eleva acima de nós mesmos, com muita segurança. A irrupção do amor em uma existência é como o fogo que chameja na lareira: tudo assume uma nova dimensão a sua luz, e toda a casa pode ser incendiada por ele. O amor é o mistério de nossas existências.

O amor é mistério, não está aqui nem ali. É mistério porque é "movimento". E é movimento porque é relação. A relação não se deixa prender, nem ser domesticada, nem ser possuída. A relação não é só minha nem só sua, ela é o mistério entre nós. Ela é a reciprocidade do movimento de todo aquele que sai de si em busca do outro.

Portanto, há amores e amores. Certas pessoas, e isso é raro, assimilam a maneira de ser do outro, apesar de isso não ser simples. Entre nós, humanos, existe alguma coisa que, fundamentalmente, nos faz diferentes uns dos outros. Isso é particularmente perceptível entre homens e mulheres, mas vale também para qualquer tipo de relacionamento. Amar é aprender a escutar a diferença do outro. O amor é uma escuta que ressoa na própria pessoa que, então, se abre para a recepção do outro, de sua maneira diferente de amar. Nós sempre seremos diferentes, mas quando alguém sabe escutar o outro diferente de si, deixa que nele penetre uma visão que não é a dele. O outro não pode ser mudado, mas a visão que se tem dele, essa pode ser mudada. O que o outro sente, espera e o que eu posso lhe dar? O amor é essa complementação que eu dou, do jeito que o outro precisa, e não do modo como imagino. O amor é a complementação do ser que, reciprocamente, o outro me dá, mas de sua maneira. Aqueles que se amam envolvem-se no mistério de uma relação vivida diferentemente, na alteridade.

Estou persuadida disso, cada um e cada uma dentre nós já o sabe. Estou persuadida de que cada uma e cada um de nós conhece suficientemente esse mistério, para ao menos desejá-lo. Apóio essa fé que tenho no homem, em minha fé em Deus. Com efeito, atribuo a esse mistério um nome e uma face. "Deus é amor." Essa afirmação da Escritura (1Jo 4,8) faz parte de minha experiência. Não é uma teoria, nem um sentimento. Em minha relação viva com o Deus vivo, contemplo sua maneira de amar. Para entrar em relação com os homens, seu Verbo se fez carne. Deus, em sua paixão de amor pelo homem, amou o homem à maneira do homem, falou à maneira do homem, respondeu a seus desejos de homem. Amando-nos ele não nos tira de nossa condição humana, é ele que vem até ela. Dou razão a Jesus Cristo quando diz: "Dou-vos um mandamento novo: que vos ameis uns aos outros *como* eu vos amei" (Jo 13,34). Só quando amamos como Deus nos ama é que amamos verdadeiramente, que chegamos a conhecer a terceira ordem da caridade.

Conhecei, pois, soberbo, que paradoxo sois em vós mesmo. [...] Escutai a Deus.[6]

Ao amar assim, Deus se prejudica ou se sacrifica? De maneira alguma: ele completa aquilo que ele é em si mesmo, sua identidade. Deus é amor. Deus é, infinita e eternamente, relação. Amando ou experimentando o menor movimento de amor, nós nos perdemos ou nos tornamos menos humanos? Pelo contrário, nisso é que nossa existência encontra seu sentido. No mistério da relação, nós nascemos para nós mesmos, saindo de nós mesmos. Nunca o homem atinge tanto a plenitude de sua humanidade como

---

[6] *Fragmento* 434, p. 145.

quando se torna imagem de Deus. Nessa ótica, cada movimento de caridade que o homem faz, somente humano, mas plenamente humano, pertence à fonte humano-divina de nossas existências. E essa fonte humano-divina irriga, a partir do interior, tudo aquilo que possa lhe ser contrário. Nós somos um tecido inextricável de fibras de amor e de violência, de relação e de posse, de saída de si e do imaginário. Deverá ser nosso esforço, pois, enquanto vivermos, procurar amar de verdade, amar até o fim! Porque o abismo que separa o homem miserável do Deus infinito é instantaneamente sobrepujado em cada movimento do amor: "Se nos amarmos uns aos outros, Deus permanece em nós" (1Jo 4,12).

No mais íntimo de nossa humanidade, glória e refugo do universo, reside um mistério que a ilumina e a abrasa. O menor movimento do amor significa um nascimento. O amor é o sopro sempre renovado do recém-nascido, a inspiração, a respiração de nossas vidas. Tênue e imperceptível, ele é como o vento: "O vento sopra onde quer e ouves seu ruído, mas não sabes de onde vem nem para onde vai. Assim acontece com todo aquele que nasceu do Espírito" (Jo 3,8). Esse sopro que passa liberta nossas asas interiores, as asas do coração, presas pelo visgo das satisfações sensíveis, materiais, intelectuais. Alguma coisa se desdobra em nós e atingimos nossa verdadeira dimensão. Somos, então, apossados pelo sentido de nossa existência, um sentido que não vem de fora, mas que não se reduz a uma mera fabricação de nosso eu.

Nossas ações, por mais que o possam parecer, são banais apenas em sua aparência. Na verdade elas refletem, como em um espelho, o amor eterno. Não somente elas o refletem, mas são do mesmo gênero que ele. A esmola de um copo de água, "o menor movimento da caridade", ultrapassa todo o acúmulo das riquezas materiais, a vastidão do universo, a amplitude dos sistemas científicos, filosóficos e teológicos. Perante essa luminosidade humilde e escondida, os néons de nossas cidades, os faróis de nossa civilização, todo o esplendor de nossas riquezas empalidecem e são reduzidos a sua realidade: pequenas lamparinas, nada mais do que pequenas lamparinas.

E eu, pobre mulher, às vezes mais, às vezes menos consciente de minhas falsas avaliações, contemplo o mundo. Aos noventa e cinco anos, tento escutar sua voz, sua verdadeira voz, sua porção de infinito e de eternidade. Percebo esse imenso sopro de amor que vi agindo nos cinco continentes. Eu o vi tanto na simplicidade da vida cotidiana do povo, quanto nos projetos grandiosos. Eu o vi tanto nas choças como nos palácios das organizações internacionais; recebo relatórios, dos quatro cantos do mundo, que me falam sobre a situação atual de minha associação. Recebo cartas que me falam da grandeza do peso da vida de todos os dias. Em toda a parte, vejo homens e mulheres, pessoas jovens e menos jovens que, de um modo ou de outro, decidem consagrar seu tempo e sua energia àqueles que eles querem amar, cada um de sua maneira. A sobrevivência da humanidade e de cada um de nós depende disso. Que seria de nós, o que nos tornaríamos sem o amor?

Olhemos, portanto, para o lado luminoso do planeta. Por toda a parte, mas por toda a parte mesmo, brilham fagulhas de amor. E o mundo, então, não é mais tão escuro, nem coberto pelas trevas. Ele foi transfigurado.

Capítulo VI

"Tudo é um, o um é o outro, como as Três Pessoas"

*A*té aqui repetimos insistentemente sobre os aspectos contraditórios da existência humana, sua grandeza e sua miséria. Agora é preciso que usemos um novo discurso para compreender, *comprehendere*, abarcarmos juntos, com um olhar unificado, os componentes paradoxais da complexidade humana. Sua dualidade interna, na verdade, culmina em uma estranha unidade.

Unidade na complexidade

Não nos fazem falta, em nossos dias, pelo contrário, temos até demais, discursos sombrios e detratores sobre a natureza humana: estaríamos principalmente no reino da violência, da busca obsessiva pelos prazeres, da derrocada dos laços familiares, da miséria crescente de povos inteiros. As imagens apresentadas pela televisão são verídicas, parece, mas, atenção! Será que elas não nos apresentam apenas uma visão reducionista, uniformizada – e eu diria até monolítica – de nosso planeta? A verdade total não requereria mais complexidade? Não existem, também, zonas de paz onde os prazeres são moderados, com famílias estáveis que se entregam a uma luta renhida contra a miséria e a doença? Às vezes sou reprovada por insistir sobre tudo aquilo que é... rosa! Não vejo a necessidade de se ficar coçando cada vez mais as feridas: existem muitos outros meios de se cuidar delas.

Seja como for, quero tentar encontrar um equilíbrio que respeite as antinomias. Pascal, aqui também, fornece uma chave:

> Tudo é um. Um está no outro.[1]

Estaria essa afirmação contradizendo o conjunto dos *Pensamentos* que insiste na divisão interna do homem? Penso que, pelo contrário, atingimos nesse ponto o ápice da meditação de Pascal. Na verdade, basta olharmos para nós mesmos: eu, você, ele, ela, nós. Não somos uma estranha mistura de bem e de mal? Quem de nós, ao longo de sua vida, ainda não experimentou sentimentos de afeição e de ódio, de doçura e de violência, de doação gratuita e de egoísmo? Pascal fala isso sem rodeios:

> O homem é naturalmente crédulo, incrédulo, tímido, temerário.[2]
> Condição do homem: inconstância, tédio, inquietação.[3]

Quem de nós já não conheceu momentos em que não compreendemos nem a si mesmo nem aos outros? Diante dessa irredutível complexidade, atravessamos estágios diferentes. Ou procuramos inconscientemente ignorar e fechar os olhos, ou então procuramos elevar-nos às alturas, sem perceber que o cabo que usamos para subir é muito escorregadio. É preciso ter cuidado com o angelismo!

---

[1] *Fragmento* 483, p. 156.
[2] *Fragmento* 125, p. 70.
[3] *Fragmento* 127, p. 70.

O homem não é anjo nem animal; e, por infelicidade, quem quer ser anjo é animal.[4]

Fiz essa experiência. Durante muito tempo persegui uma santidade exemplar, moldada no estilo de Santa Teresa d'Ávila, a grande mística. Debatia-me contra a muralha de meus defeitos e me enraivecia com meus fracassos. Diria mesmo que esse é um caso clássico, pois tenho me deparado com ele em muitas ocasiões. Parece-me até que a perfeição da moral leiga, como a de André Comte-Sponville, não seria válida. Por quê? Simplesmente porque é querer sair da condição humana. Precisei de muitos anos para me dar conta de que trazia em mim, em minha pele, em meu corpo, em meu coração, em minha alma, um novelo emaranhado de bem e de mal.

A relação, fonte da identidade

Bem considerado, contudo, o problema é simples. Quanto mais fico grudada a meu umbigo, de fato, o outro que se coloca diante de mim permanece como um desconhecido, um estranho, um rastaqüera. Sua alteridade torna-se uma ameaça. É preciso, então, afastá-lo, e até mesmo eliminá-lo. Existem várias formas de se matar o outro, e todas se resumem em negar sua identidade. Pelo contrário, à medida que me torno capaz de reconhecer que minha vida adquire seu valor no relacionamento com o outro diferente, meu ser raquítico, franzino, adquire subitamente nova envergadura.

---

[4] *Fragmento* 358, p. 125.

Terceiro movimento — O coração e a unidade

O pastor Dietrich Bonhoeffer é um exemplo disso. Ele não agüentou ficar grudado na segurança do Brasil, enquanto seu povo vacilava na fé sob a pressão do hitlerismo. Tendo retornado para a Alemanha, ousou falar alto e forte contra o nazismo. Preso, conheceu os tormentos da prisão. Com os ouvidos atordoados pelos gritos dos prisioneiros, ele foi confrontado com essa questão lancinante: onde está Deus? Pouco antes de ser enforcado por ordem de Hitler, ele escreveu:

> Quem sou eu? Muitas vezes me dizem
> que, de minha cela, eu saio
> tranqüilo, firme e sereno,
> como, de seu castelo, sai o gentil-homem. [...]
>
> Quem sou eu? Também me dizem
> que suporto os dias de prova
> impassível, sorridente e bravo,
> como aqueles que sempre vencem. [...]
>
> Sou, verdadeiramente, aquilo que dizem?
> Ou aquele homem que somente eu conheço,
> inquieto, doente de nostalgia, como um pássaro na gaiola,
> procurando respirar,
> como se estivesse sendo enforcado, [...]
> tão cansado, tão vazio que não posso orar, pensar, criar,
> e, por causa disso, vizinho do desespero.
>
> Quem sou eu? Esse ou aquele?
> Hoje um homem e amanhã outro?
> Ou os dois ao mesmo tempo?

Quem sou eu? Mas que inútil este monólogo!
Quem eu sou, tu já o sabes:
Tu sabes que sou teu, ó Deus!⁵

Bonhoeffer, em sua prisão, foi despojado de tudo aquilo que representa o "meu": honra, posses, dignidade. Aparentemente, ele foi reduzido ao "nada". Mas, existe um "meu" mais profundo: o monólogo, o zelo por mim, mesmo em minha humilhação, minha miséria, minha contradição. Então, vejo-me humilhado e miserável. O ídolo, sempre o ídolo! Bonhoeffer encontrou no relacionamento de caridade com o outro – "eu sou teu" – a saída e a solução do dilema. Encontrou então o cerne incorruptível do valor humano, escondido no mais profundo de si. Ele encontrou a resposta à pergunta crucial sobre sua identidade – "quem sou eu?" – quando fez com que seu nada miserável entrasse na terceira ordem, da caridade. O "meu" e o "teu" finalmente entram em comunicação entre si, superada toda e qualquer oposição.

"Tudo é um. Um está no outro." Quanto mais se aprofunda esse pensamento, mais se vê que ele se aplica a diferentes conjunturas da existência humana. "*Homo sum...* sou um homem, e nada do que é humano percebo como estranho a mim" já dizia, há dois mil anos, o poeta Terêncio. Logo que nos estabelecemos em um relacionamento de caridade, o único que é verdadeiro, o outro já não é mais um estranho. Sua diferença não mais é vista como uma ameaça. E não é que ela desapareça. As tentativas de fusão são ilusórias, perigosas, contrárias ao amor unificante. No relacionamento verdadeiro, cada um permanece como é, mas um e

---

⁵ BONHOEFFER, D. *Résistance et soumission*, Genebra: Labor et Fides, 1967, p. 164-165.

outro se reconhecem como a mesma carne, o mesmo sangue, uma única humanidade, grandiosa e frágil. Esfrangalha-se a imagem do herói! Desaparece o campeão da Verdade! Nus, tornamo-nos verdadeiros. Humildes, enfim, um entre os outros, vivemos a fraternidade.

O outro é a chance de minha vida

Sobre isso, um dia tive uma iluminação quando... bebia um copo de água. Uma idéia assaltou-me o espírito: não bebo nem hidrogênio, (H), nem oxigênio (O), bebo H_2O, bebo água! Não me identifico nem com o bem, nem com o mal, que estão em mim, eu sou Emmanuelle, uma combinação viva dos dois. Desde meu nascimento até minha morte, sou uma combinação de todas as dimensões, complexos e contradições que se encontram por detrás de cada ser humano. E essa combinação é original, ela vai além da simples soma de seus componentes.

Que fazer? Não mais lutar contra meus defeitos e cruzar os braços? Quantas e quantas vezes essas questões retornaram a minha cabeça! Também aqui Pascal veio em meu auxílio. Pensei e repensei essa pequena frase: "Tudo é um. O um está no outro". Ela me ajudou a me aceitar em minha identidade original. O bom está no mau, o mau está no bom. Existo como uma combinarão, H_2O. Querer matar em mim o que é mau é o mesmo que me aniquilar. Aceitar minha contradição existencial é derreter aquela amargura que me impede de avançar ligeira e serena. É encarar-me com humor. Mas, minha pobre filha, sua vaidade, juntamente com seu orgulho e seu ego, logo se revoltarão. É como afirma o provérbio: "o amor próprio ainda sobrevive por meia hora depois da morte". Vá logo, preocupe-se com os outros! Isso é viver, avançar fraternalmente de mãos dadas.

É afirmado por Santo Irineu: "O homem vivo é a glória de Deus". Ser vivo significa sobrepujar essa dualidade básica para alcançar um terceiro termo, a unificação harmoniosa. Ser vivo é eliminar a oposição entre o eu e o outro. Muito longe de ser uma ameaça para minha identidade e para meu desenvolvimento, longe de tomar meu lugar ao sol, de devorar avidamente meu espaço vital, o outro é a chance de minha vida. Sempre existe o medo de se perder, mas o que acontece é ganhar. A pessoa sempre tem a pretensão de tudo uniformizar de acordo com seu próprio modelo. Acredita-se piamente que tem de ser um ou outro: ou eu somente, ou somente você. Nos dois casos é o império do um. E isso significa a esterilidade. A fecundidade da vida humana depende justamente do surgimento do terceiro termo: nem somente você nem eu somente, mas deve existir uma ligação amorosa entre nós, o um e o outro, cujo mistério final ultrapassa de muito a soma de seus componentes. Nesse tipo de ligação, a pessoa se torna capacitada para discernir o positivo em tudo aquilo que é terrestre. Posso atestá-lo, eu quem conheci de perto assassinos e, muitas vezes, descobri neles germes de bondade da alma e do coração, o que muito me enriqueceu.

Ainda estamos longe de ter esgotado toda a amplitude da visão de Pascal sobre a unificação universal. Recentes trabalhos científicos nos encaminham para ela de maneira inesperada. Duas obras me impressionaram de maneira particular. Todas as duas estão marcadas por rigorosa racionalidade e por uma poesia maravilhosa. *L'Évolution cosmique* e *Poussières d'étoiles* foram escritas pelo astrofísico Hubert Reeves. Ele se aproxima de Pascal de maneira singular, citando-o várias vezes. De acordo com ele, depois do *big bang*, acontecido há milhões de anos, o que existe de menor está indissoluvelmente ligado àquilo que existe de maior. Oitenta elementos químicos encontram-se disseminados pelo universo, das galáxias aos homens. "Fomos gerados, na explosão inicial, no coração das estrelas e na imensidão dos espaços siderais."[6] De outra parte, a coesão do todo é devida somente à uniformidade dos componentes químicos. Ela é também garantida por colossais forças de atração. "Tudo atrai tudo",[7] como dizia Einstein. Nesse assunto pouco posso dizer, mas essas informações me impelem a contemplar a espetacular un-idade do Un-iverso em sua deslumbrante diversidade.

Mais ainda, essa contemplação da unidade no espaço vale também para o tempo: uma prodigiosa evolução cósmica se desenvolve durante quinze milhões de anos, o infinitamente pequeno, no momento do *big bang*, gerando o infinitamente grande. O infinitamente grande nos reconduz ao infinitamente pequeno: "as partículas atômicas alcançam vários milhões de milhões de milhões por centímetro cúbico".[8] O espírito vacila. No século XVII, Pascal não poderia ter analisado o infinitamente pequeno a partir de um minúsculo parasita, a lêndea,

> Uma lêndea [...], humores nesse sangue, gotas nesses humores, vapores nessas gotas; dividindo-se estas últimas coisas, esgotar-se-ão as capacidades de concepção do homem.[9]

---

[6] REEVES, H. *L'Évolution cosmique*, Seuil, 1988, p. 19.
[7] *Ibid.*, p. 42.
[8] *Id.*, *Poussières d'étoiles*, Seuil, 1988, p. 158.
[9] *Fragmento* 72, p. 51.

Com uma admirável presciência, Pascal afirma:

E como todas as coisas são causadoras e causadas, auxiliadoras e auxiliadas, mediatas e imediatas, e todas se acham presas por um vínculo natural e insensível que une as mais afastadas e diferentes.[10]

Nossa visão do universo não pode parar no aniquilamento do homem, perdido entre dois infinitos. Pensar o universo é também perceber a ligação entre todas as coisas.

Mas Pascal, em vôo fulgurante, sobe além da grandeza da primeira ordem, em uma visão quase infinita da matéria e de sua coerência. Ultrapassa igualmente a grandeza da segunda ordem, que é onde o homem forja, em seu espírito, concepções quase infinitas. Pascal eleva-se a uma terceira ordem, mais sublime, permanente em sua eternidade.

Tudo é um. Um está no outro, como as três pessoas.[11]

Defrontamo-nos agora com um sério problema. Muitas vezes nossos pés se afastam do sólido terreno da física, nossos olhos deixam de lado os instrumentos de alta tecnologia que nos desvelam o universo, nosso espírito renuncia a seus cálculos incansavelmente verificados.

Vemos um espantoso questionamento tornar-se presente nesse início do século XXI. Aquilo que se posiciona além da ciência torna-se sujeito de buscas. "A tendência atual de nosso mundo é

---

[10] *Ibid.*, p. 55.
[11] *Fragmento* 483, p. 156.

a de se reaproximar do espiritual, ao contrário daquilo que aconteceu no começo do século XX, com o positivismo de Augusto Comte. [...] A ciência convida insistentemente a que procuremos a essência das coisas",[12] afirma Tran Than Van, físico atômico, em uma entrevista concedida ao jornal *La Croix*. Esse mesmo tema, "a busca da essência", pode ser encontrado como pano de fundo do encontro sobre "A Ciência e a busca do sentido", promovido pela Unesco, em abril de 2002. Em resposta às perguntas vindas de todo o mundo, Charles Townes, prêmio Nobel de física, afirmou: "A religião busca compreender o fim do Universo. A ciência procura compreender sua natureza e suas características. A arquitetura do Universo prova a existência de Deus". Na mesa-redonda final, uma das conclusões a que se chegou foi a de que o homem "inteligente" pode, de novo, acreditar na existência de Deus. Esse "de novo" me fez sorrir. Então é isso: homens e mulheres "inteligentes" acreditam na existência de Deus!

O conflito é totalmente outro. Mesmo que aplauda, por seu valor verdadeiro, o retorno dos questionamentos espirituais ao mundo científico; mesmo que almeje a "predição" atribuída a André Malraux, de que "o século XXI será religioso, ou não existirá", prefiro reconhecer que os dois domínios, o da ciência e o da religião, são rigorosamente separados e um não pode invadir o terreno do outro. Não cabe à religião julgar ou condenar a ciência, e não cabe à ciência condenar ou julgar a religião.

Na verdade, o Deus de que aqui se trata, o Deus Uno e Trino, não pode ser descoberto como conseqüência de raciocínios físicos ou metafísicos. Pelo contrário, é somente na experiência transcendente da revelação que Pascal tem a coragem de escrever "como as Três Pessoas". Espírito humano algum, por mais genial

---

[12] *La Croix*, 7 de dezembro de 2002.

que seja, não pode conceber isso. O véu, o *velum*, é retirado no movimento da re-velação. O próprio Deus vem mostrar aquilo que o homem sobre a terra jamais poderia ver, aquilo que seu cérebro jamais poderia crer. "Todos os espíritos juntos" não podem conceber esse Deus escondido, mas que nos fala. O Deus de que aqui se trata não é uma noção vaga e cientificista da divindade, mas o Deus de Abraão, o Deus de Isaac, o Deus de Jacó, não o Deus dos filósofos e dos cientistas.

Do amor nasce a unidade

Dito isso, nossa razão tem como resposta a confrontação de outro problema. Como o Um pode ser Três? Pode o homem aderir àquilo que sua razão afirma ser impossível? Ao escrever essas linhas, meu pensamento voa para os tempos de um dos ícones mais célebres do cristianismo, a *Trindade*, de Roublev. Nunca me canso de contemplá-lo. Cada uma das três pessoas é como que irresistivelmente impelida para a outra, os olhos e as mãos voltados para o outro. Parece que os três se comunicam em uma unidade: *cum-unire,* unir-se em uma sinfonia na qual as notas se congraçam, misturam-se, confluem para uma única harmonia. Mas essa comunhão não se fecha como que em um círculo, ela não se autodelimita. Entre os Três, permanece um espaço. As linhas de relacionamento dirigem-se também para o exterior, para o mundo, para o homem, para mim que admiro esta imagem. Porque a comunhão representada é uma comunhão de amor, ela transborda e procura comunicar-se mais ainda. Aí reside a fonte da revelação, aí nesse amor que Deus é em si mesmo e que se expande para fora dele, em um movimento de doação e de comunicação.

O linguajar humano mal passa de um balbucio, quando se tenta expressar a respeito de Deus! Mas assim mesmo podemos falar a seu respeito porque somos sua semelhança. "Deus disse: Façamos o homem a nossa imagem, como nossa semelhança" (Gn 1,26). É por isso que entre nós, humanos, o amor provoca uma comunhão tal, que basta um único suspiro, um só coração para unir duas pessoas. O mistério do amor nos une, cria um espaço comum sem suprimir nossas singularidades. Assim, "Deus se fez homem para que o homem se torne Deus" (Santo Atanásio). O amor é nossa participação na natureza divina. O amor é nossa divinização. Nós falamos da circulação do amor entre as Pessoas da Trindade.

Aqui a experiência unifica dois outros conceitos, contrários na aparência, a contemplação e a ação. Éric Guyader, inicialmente, foi seduzido pelo ícone de Roublev. Ele contemplou longamente o mistério trinitário: "Deus é comunhão, relação, diálogo de amor. [...] No Brasil existe uma dança, a ciranda, que é dançada numa roda aberta, na qual todo mundo se olha. [...] Como na ciranda, a humanidade é aspirada pela corrente trinitária". Da mesma maneira, a história desse místico não parou por aí. Esse cidadão da Sabóia, engenheiro de minas, compartilha sua vida com os mais pobres, em Salvador da Bahia, Brasil.

Deus, princípio, modelo e termo de todo o amor, é ao mesmo tempo Único e Trindade. Somente o coração pode captar e aceitar esse mistério que escapa à estreiteza de nossa inteligência. O grande Santo Agostinho, um dia, estava ocupado em refletir sobre a Trindade, quando viu um menino, à beira-mar de Cartago, absorvido por uma tarefa impossível: com uma concha, tentava colocar o mar dentro de um buraco na areia. Agostinho se pergunta: qual dos dois é mais insensato, o menino ou ele próprio, que pretendia colocar Deus dentro de seu crânio?

Enfim, seria o mesmo que nada compreender o mistério da Trindade e querer resumi-lo na unidade de três. No centro do ícone de Roublev, uma taça contém um cordeiro imolado. É a representação, no seio da Trindade, da segunda pessoa encarnada, participante de nossos sofrimentos, imolada "como um cordeiro conduzido ao matadouro" (Is 53,7). Na Encarnação, o Verbo de Deus conhece e assume aquilo que, aparentemente, é contrário à condição divina. O Eterno conhece o tempo. O Infinito conhece o finito, o Santo conhece a tentação, a Vida conhece a morte. Por tudo isso, a diversidade conhece a unidade.

Nisso reside a fonte de toda a paz. A fonte da paz interior, onde se dissolve o sofrimento de nossas crucifixões; entre nossas aspirações as mais nobres e a verificação de nossas baixezas; entre nossa revolta diante das injustiças e nossa própria cumplicidade; entre nossa vontade de agir para salvar o mundo e nossa radical impotência; entre nosso ser de espírito e de coração e nosso ser de carne e de sangue; entre nosso desejo de eternidade e a morte que arrebata e devora todo o ser e todas as coisas. A fonte da paz entre os humanos, onde sem fusão nem confusão se dissolve o ódio que separa e que mata.

No impulso do coração, no menor movimento do amor, desenvolve-se a verdade do homem, *zôon politikon*, animal de relação.[13] Neste mesmo movimento, desenvolve-se a verdade do homem, imagem de Deus. Elevando-se infinitamente acima da ordem da matéria e da ordem do espírito, mas sem a elas se opor, a ordem da caridade abre o caminho do coração, o caminho de felicidade e de paz.

---

[13] Em outro livro meu, *Richesse de la pauvreté*, desenvolvi bastante esse tema. Para não me tornar muito repetitiva, tomo a liberdade de recomendá-lo a meu leitor.

CONCLUSÃO

A espuma ou a eternidade

Quid est hoc pro aeternitate?
O que isso vale para a eternidade?

    Durante toda a minha vida, fui seduzida por tudo aquilo "que é escorregadio e escapa, em uma eterna fuga". Sempre fui fascinada por tudo que, assim como a espuma, brilha com reflexos tentadores e ilusórios. É algo como essa formidável energia que empregamos para tentar remediar o vazio, a insensatez, a falta, entregando nosso corpo e nossa alma ao fluxo e refluxo do prazer, em uma fuga perpétua para fora de nós mesmos! É terrível, porque é vão, destinado ao fracasso. Como a espuma, o prazer desaparece tão logo alcança seu objeto. Assim, a insatisfação cava em nós, cada vez mais profundamente, sua estria de amargura. Tudo nos foge, e nós vamos junto, pois todos morreremos. Fundamentalmente, estamos sempre em fuga para tentar esquecer a morte. Vivemos mergulhados no nada: tudo desaparece, e nós também.

    Passei, então, a procurar algo que não acabasse. Se tudo acaba, deve haver, contudo, algo que não acabe. À medida que a pessoa vai se despojando, vai também se desfazendo dos não-valores, do não-ser, do que é ilusório, da vaidade de tudo isso que é fantasioso, e então descobre o não-mortal. O que pode ser Deus, certamente, para os que acreditam. Mas, para todos, isso significa fazer surgir algo vivo, uma resposta com suas próprias forças vivas ao apelo de uma outra carência. Presta atenção: ao redor de você, alguém ou alguma coisa espera algo que ninguém, além de você, pode oferecer? Quando uma carência responde a uma outra carência, então surge uma nova criação. Qualquer coisa nasce no mundo. Pode ser uma obra de arte, uma pesquisa científica, um investimento humanitário, porque tudo isso faz parte dessa imensa cadeia que, de geração em geração, gera a vida propriamente humana. E – quem sabe? – o relacionamento interpessoal de amizade também pode ser esse terreno de fecundidade.

Prefiro, agora, falar de amizade, em vez de amor. A amizade, como definida por Aristóteles, é, com efeito, fruto de uma ação desinteressada. Amar com amor de amizade é querer e agir no interesse de outro e não para si. A amizade é, portanto, aquilo que no amor ultrapassa a cobiça. Somos carnais, e isso faz parte constituinte de nossa natureza. Existe em nós a tendência de devorar avidamente, de tudo consumir, de se apropriar de todas as coisas, tanto materiais como espirituais, de todos os seres. Já disse: a relação pura, o ato de amor puro, isso não existe. Em nossos atos e em nossos relacionamentos existe sempre um pouco de interesse e de possessividade.

Mas, em nossas ações e em nossos relacionamentos existe também um tanto de gratuidade. Na caminhada para o outro, na amizade autêntica, desvela-se o mistério daquilo que não perece, o mistério de nossa própria eternidade. Pois "Deus é amor" (1Jo 4,16): Ele, o Eterno, doa gratuitamente. "Pois Deus amou tanto o mundo que entregou seu Filho único" (Jo 3,16). Deus se doa. Ele é amigo do homem. Tudo passa e acaba, menos o amor. "A caridade jamais passará" (1Cor 13,8).

O amor de Deus se encarna em nossas vidas humanas. Todos os pequenos atos de amizade que vivemos são outras tantas delicadas jóias. Como o diamante, elas foram forjadas no fogo das contradições e do despojamento. Como o diamante, são indestrutíveis. Assim, no momento em que deixarmos esta terra, uma parte de nós mesmos desaparecerá, mas essa quantidade enorme de jóias terá configurado nosso aspecto eterno. Certas pessoas já possuem traços dessa feição eterna. Seu olhar é um reflexo de amor. Sua atenção volta-se naturalmente para aqueles com quem se encontram. Nesse movimento para fora de si mesmas, habitualmente vivido e repetido, elas saem de seu nada e de suas limitações. Pessoas assim são testemunhas da eternidade. Ao encontrá-las, nós percebemos que aquilo que é verdadeiramente humano em nós não pode morrer. Guardo em mim um imenso reconhecimento por todos aqueles que, depois do desaparecimento de meu pai, me ensinaram que o amor é mais forte do que a morte e carrega em si uma semente de eternidade.

Diante da pergunta sobre o sentido da existência, "viver, para que serve?", ficamos pendentes entre dois infinitos. Chegando ao final de minha reflexão, penso que não ficamos demasiadamente esmagados entre o infinitamente grande e o infinitamente pequeno, que nos obrigam medir, em nossas vidas, o abismo sem saída de nossas tentativas de fugir e o oceano do mistério de amor. Com efeito:

> À medida que temos mais luz, mais grandeza e baixeza descobrimos no homem.[1]

O que fazer, uma vez que tentar escapar de nossa fraqueza e de nossos limites seria uma negação de nossa condição humana? Nada pior do que a tentação do angelismo! O que fazer, ou para

---

[1] *Fragmento* 443, p. 138.

que lado nos voltarmos, já que todas as coisas – mesmo as mais belas, as maiores, e até as mais espirituais – podem ser pervertidas como fuga? O que fazer, pois:

> Tudo nos pode ser mortal, mesmo as coisas feitas para nos servirem [...], se não procedermos com acerto.[2]

De meu ponto de vista, proceder com acerto consiste, antes de tudo, em evitas duas pistas falsas. Não sejamos nem fascinados pelo lado brilhante das coisas, das posses, das pessoas e de nós mesmos, nem caiamos em desespero por causa de seu nenhum valor. Esses dois caminhos seguramente nos servem de engodo, e tanto um como o outro são igualmente mortíferos. Se não é possível caminhar por um meio termo, é possível superar o dilema, elevar-se infinitamente acima dele. Pascal nos ensina que existe, e como, uma terceira via, que consiste em pendurar nossa carruagem a uma estrela, e ela voará e nos afastará totalmente do nada. Essa estrela é o amor, o caminho é o do coração. É a terceira ordem de coração que dá a nossas vidas seu sentido, seu peso de eternidade. Somente o amor permite, *com* nossa grandeza *e* nossa miséria, permanecer na alegria.

Para abraçar esse movimento do amor, eu lhe proponho, enfim, amigo leitor, um discernimento e uma escolha. Você quer sair do vazio e encontrar um sentido para sua vida? Comece, então, por examinar o presente – este objeto cobiçado, este outro desejado, este acontecimento experimentado como feliz ou infeliz – sob a luz da eternidade. Um antigo provérbio latino o ajudará, assim espero,

---

[2] *Fragmento* 505, p. 158.

como me ajudou. *Quid est hoc pro aeternitate*: o que isso vale para a eternidade? Uma vez posta a questão, você poderá recuar e fazer um julgamento das coisas. Então poderá discernir o que ela possui de luz e de trevas. Alguns de seus desejos aparecerão assim como são: totalmente vãos. Outros brilharão com um brilho até então escondido, porque você verá sua dimensão de amor.

Contudo, não basta ver, é preciso também escolher. O campo do amor, sendo infinito, depende de cada pessoa, de sua capacidade de abertura, de suas decisões. Cada um tem uma vocação de amor que lhe é própria. O amor não é uniforme, cada um o encarna a sua maneira, nas condições determinadas de sua vida pessoal. Assim, a vida não tem uma direção única, geral e válida para todo o mundo. Não existe uma receita. O amor é uma aposta pessoal. O amor é multiforme. O amor é o verdadeiro fruto de nossa liberdade.

Entre o prazer e a felicidade, é preciso escolher. Entre a espuma e a eternidade, é preciso escolher. Entre a voracidade e a amizade, é preciso escolher. Cuidado! Não se trata de uma escolha radical e definitiva, mas preferencialmente de um direcionamento. Para qual dos lados iremos? O retorno sobre si mesmo jamais estará excluído. Aqui em baixo nunca se chega à completude do amor. Cada vez mais, é preciso escolher de novo. Que importa! Uma vez que se provou, por mínima que seja, a liberação do amor, o caminho já não será tão sofrido. Já se sabe que é possível escapar do círculo infernal das libidos que, como uma espiral descendente, incessantemente nos leva ao ponto de partida, mas sempre mais embaixo. Uma vez soerguidos pelas asas do coração, nossa fraqueza não é mais tão pesada de se carregar. O que são todas essas lantejoulas diante da eternidade? Todas as nossas misérias nada são diante do valor autêntico de nossas existências: o mistério do amor.

Impressão e acabamento
Gráfica e Editora Santuário
Em Sistema CTcP
Rua Pe. Claro Monteiro, 342
Fone 012 3104-2000 / Fax 012 3104-2036
12570-000 Aparecida-SP